"文化·技术·市场"丛书

MEDIA
+
CULTURE
+
COMMUNICATION

文化传播的媒介景观

薛龙 于孟晨 著

中国社会科学出版社

图书在版编目(CIP)数据

文化传播的媒介景观/薛龙,于孟晨著. —北京:中国社会科学出版社,2017.8
ISBN 978-7-5203-0834-2

Ⅰ.①文⋯　Ⅱ.①薛⋯②于⋯　Ⅲ.①传播媒介—研究　Ⅳ.①G206.2

中国版本图书馆 CIP 数据核字(2017)第 205550 号

出 版 人	赵剑英
责任编辑	王莎莎
责任校对	张爱华
责任印制	张雪娇

出　　版	中国社会科学出版社
社　　址	北京鼓楼西大街甲 158 号
邮　　编	100720
网　　址	http://www.csspw.cn
发 行 部	010-84083685
门 市 部	010-84029450
经　　销	新华书店及其他书店

印　　刷	北京君升印刷有限公司
装　　订	廊坊市广阳区广增装订厂
版　　次	2017 年 8 月第 1 版
印　　次	2017 年 8 月第 1 次印刷

开　　本	710×1000　1/16
印　　张	12.75
插　　页	2
字　　数	210 千字
定　　价	58.00 元

凡购买中国社会科学出版社图书,如有质量问题请与本社营销中心联系调换
电话:010-84083683
版权所有　侵权必究

"文化·技术·市场"丛书编委会

主　　编：于孟晨
副 主 编：李红岩　敬晓庆　雷晓青

总　序

当今科技以网络为代表的新媒体的崛起，重组了传媒的生态空间，技术知识与经济效益的互动日益加剧，媒介形式日趋多样，内容影响日趋丰富、复杂。在此态势下，需要从"文化自信"的高度来审视新时代高等教育应秉承的责任。

1941年，梅贻琦在《大学一解》中指出"大学者，非谓有大楼之谓也，有大师之谓也"；而大学所培养的学生需满足"对于人文科学、社会科学、自然科学"应有"相当准备"的共同要求。1943年由梅贻琦草拟提纲、潘光旦执笔完成的《工业化的前途与人才问题》，对相关思想也进行了类似的表述："使教育于适当的技术化外，应取得充分的社会化和人文化。"以梅氏看来，技术化对大学固不可少，但只占有"适当的"位置；社会化和人文化更加重要，在大学应有"充分的"发展。有了社会、人文与技术三者相互渗透的大学，才能为工业化的中国培养出优秀人才。这无疑已著西安工业大学新闻传播学科"文化·技术·市场"丛书之先鞭。

显见，大学应当是时代精神的"折光镜"，是人文精神和科学精神的统一体。科技、经济与人文社会学科的联系与渗透，人文精神与科学精神的相结合，是当代大学应当承担的任务，并要在理论上和实践上做出的现实贡献。这也正是此套丛书编撰出版之初衷。

用"文化·技术·市场"三个关键词，既能映照当今社会的热点部位，又能自然带入大学在新媒体时代的工作重心。与之适应，本丛书体现三个特点：

其一，情与理的统一。

《中庸》曰："喜怒哀乐之未发谓之中；发而皆中节，谓之和。"而"中和"被认为是高尚的精神境界。其基点即认为人皆有情，感情的发抒必须与道德规范相吻合。这是我国古代教育理论关于情与理的简洁说明。本丛书中《文化传播的媒介景观》《旗袍：身体与权力的播撒》二作品，前者以媒介变迁为经，文化传播为纬，探讨新媒体传播环境下媒介形式变化的特征与后果，以及媒介文化的批判与反思；后者以近代《月份牌》《良友》杂志中出现的旗袍为对象，梳理了其变迁的脉络，并深入探讨旗袍与身体、权力之间的关系。另一作品《镜像·光影·产业：新世纪以来陕西电影产业发展态势研究》旨在研究西部电影的范式创新，确立全新的电影伦理，为陕西电影产业的创新性发展提供智力支持。以上著作力争做到客观与主观的统一，科学与艺术的统一。

其二，具象与抽象的统一。

我们日常惯于"具象"的思维方式，不过不能忘记科学的"抽象"。抽象从具体出发又高于客体对象，带有普遍性。《文化·技术·市场——"互联网"视阈下的文化品牌塑造与传播》从文化建设的实体案例入手，集中探讨了新时期相关行业产业的发展问题；《品牌·传播·文化》则从畅销书角度切入，思考阐发产业变局中的传播现象。《定位·错位·移位》以1912—1949年西安易俗社在戏曲改良进程中的文化传播为研究对象，通过主体、受众、渠道、内容、效果等方面的社会传播分析，探讨易俗社在改良传播中的得失。

其三，科学精神与人文精神的统一。

从人类科学史来看，其大体可以描述为：人文精神和科学精神不断分离与不断融合的过程，而每一次的新融合，就出现了科学上和人文上的双重繁荣景象。人们得出结论：只有科学技术是不够的，还必须要以体现正确价值取向的人文精神为依托。到20世纪末，科学技术渐渐出现了脱离人文精神的趋势，即在最新的信息网络世界也出现了许多令人担忧的现象。这就再一次告诫人们：科技必须要有人文精神的浸润，由此提出了科技伦理的再建问题。科技伦理是以本国和人类优秀文化作为所籍的，科学家需有了这方面的修养，在他们身上才能体现出可亲可爱的人文浪漫和严谨求实的科学精神。

凡举各位著作者，执事孜孜以求，非穷其思、尽其力而不能停也，有感于大家在做一件弘扬优秀文化、守正学术业绩的好事，仅以寥寥数语，表示赞同！希望《文化·技术·市场》这类的图书出现得越多越好！

于孟晨

于未央湖畔

2017年7月仲夏

目　录

自序 / 1

上编　观念声场：文化传播的多维透视

第一章　新闻传播的文化阐释 / 3
　　第一节　新闻文化：奔突于神圣与世俗之间 / 3
　　第二节　广告新闻化的历史文化探究 / 9
　　第三节　作为广告援手的公共关系 / 19

第二章　新闻故事化、美学价值与机器写作 / 24
　　第一节　新闻报道：讲故事的可能 / 24
　　第二节　新闻作品的美学价值 / 30
　　第三节　机器写作与新闻报道革命 / 35

第三章　媒介变迁的批判分析 / 42
　　第一节　从"PC端"到"移动端"：纸媒数字化的路径迁移 / 42
　　第二节　文化、社会与市场：公关庸俗化探因 / 47
　　第三节　电视购物批判 / 55

第四章　传播对象嬗变的个案观照 / 63
　　第一节　《万国公报》的读者考察 / 63

第二节　广告新媒体环境下消费者分析的方法转换 / 69

第五章　文化传播的仪式表达 / 76
　　第一节　文学传播:各怀心思的媒介立场 / 76
　　第二节　陕军东征:媒介事件与仪式修辞 / 85
　　第三节　西安城市影像的三重叙事 / 95
　　第四节　文化走秀、红包狂欢与仪式生活的重构 / 103

下编　传媒现场:大数据与西安传媒业

第六章　大数据与传媒业 / 117
　　第一节　传媒业新变 / 117
　　第二节　争锋大数据 / 121
　　第三节　大数据对传媒业的影响 / 125
　　第四节　西安的大数据产业发展 / 128

第七章　大数据对西安地区新闻媒体的影响 / 132
　　第一节　西安地区新闻媒体简况 / 132
　　第二节　认知接受的大数据影响 / 140
　　第三节　组织结构的大数据关涉 / 144
　　第四节　新闻生产的大数据运用 / 151

第八章　大数据对西安地区广告公司的影响 / 159
　　第一节　西安地区广告公司简况 / 159
　　第二节　大数据对西安广告公司观念层面的影响 / 161
　　第三节　大数据对西安广告公司运营层面的影响 / 165
　　第四节　大数据对西安广告公司广告作业层面的影响 / 168

第九章　技术视域下的西安传媒业发展讨论 / 175
　　第一节　技术维度：大与小的困惑 / 175
　　第二节　观念文化维度：说与做的距离 / 176
　　第三节　人才需求与培养维度：守与转的对望 / 177
　　第四节　运营与应用维度：融与专的权变 / 178

附录 1　大数据对西安新闻媒体影响访谈提纲 / 180
附录 2　大数据对西安广告公司影响访谈提纲 / 182
附录 3　大数据对西安广告公司影响调查问卷 / 184
后记 / 187

自　序

"新闻传播"往往是人们脱口而出的语汇，仿佛它们就是不言自明的一个整体，然而，"新闻"与"传播"二者的话语资源与理论建构其来有自，大相径庭。"新闻"的出现有着较为明显的政治学、社会学、宣传学背景，它的出现与大众传媒的第一种形式——报纸的出现直接相关，可以说是一种现代性的、形式感的、建制化的传播样态。历史地看，新闻的总是呈现为一种政党的言说、商业的言说或者公共的言说，因而其总是充满着意识形态色彩，这就是说在形而上的层面留给它的空间并不多。对于实务的关注长期以来是新闻研究的一个重要类别，但是这个多为冠以"策略"与"对策"的研究类别由于无法进一步抽象概念化以及与现实贴合的过于紧密，因而就有了速朽的特点，曾经谈论的有些问题在今天已经不是问题，现在谈论的问题以后是不是问题也是个问题。但在今天中国内地的研究场域中，通过对"舆论"一词在控制意义上使用出现的"舆情"研究的的确确是一门显学。突围的第一个方向是以社会学、职业社会学的视野来观照新闻生产过程，到了今天，没有谁再会对这样的共识存有异议：新闻既是媒介的产品，也是社会的产品；突围的第二个方向是与产业经济学联手，专注于传媒市场格局的分析，但这个路数对于经济学的研究者相对而言是更为便宜；突围的第三个方向是走向传播，或者说以传播学拯救新闻学，为新闻研究打开宽广的视野，这些都是目前整个研究界的成功经验之谈。但这种突围恰恰反映了其自身危机，正如刘建明在《新闻学标识性概念体系的建构》中所指出的，标识性概念是一门学问之所以成立，并把该学科的研究对象、范畴、规律揭示出来的语汇，据研究我国现有的新闻理论著作仅有标识性概念70个左右，与成熟学科500—800个标识性概念相去甚远，这样直接导致理论演绎的运作资源不足。他进而认为，建构新闻学标识性概念体系，需要严谨、朴实的学风，严格遵循科学性要素和逻辑规范。

走向"传播"的"新闻"一马平川，但新闻传播只能说是一种"传播"而已，从人类诞生开始到今天社会的存在，"传播"的作用怎样说都不过分。但"传播学"作为一门学问的诞生要到二战以后。传播的学术史当然具有共识，一个笑话是说：一帮哲学、政治学、社会学、心理学、经济学等领域的学者巧遇在一起开会，没有共通的理论话语，传播学就这样诞生了。"传播"至少在连接传输、交往互动与意义共享三个层面发挥着极其重要的作用，他们分别指向的是物质、社会与精神三个不同的层面。杜威说"社会不仅因传递与传播而存在，更确切地说，它就存在于传递与传播中"，大哉斯言。与"新闻传播"一样，随着传播理论与研究方法的推进，除过人际传播、口语传播、视觉传播等论题外，风险传播、环境传播、科学传播、城市传播、文化传播、乡村传播、政治传播、国家传播、认知传播、危机传播，甚至更为细分领域的医学传播、军事传播等论域蔚为壮观，反映了传播学研究的勃勃生机和无所不包。这些研究的共同特征是跨越学科界限，以典型传播现象和传播活动为对象，采取质化与量化并重的方式以问题为导向展开研究。但由此也带来了学科边界问题的讨论。近年来，我先后参加复旦大学"中外新闻传播理论研究与方法"暑期学校、浙江大学"国际前沿传播理论与研究方法"高级研修班、清华大学"中国特色新闻学"高级研讨班以及多次各类型国内学术会议，在为中国新闻传播学研究学术共同体的形成深感欣喜的同时，也对新闻研究的出路以及传播研究的泛化感到疑惑。尽管可以用反本质的方法，采取建构主义的方立场对此有所纾解，但有关"是"的问题追问恐怕还要陪伴我相当长的时间。但从另一方面讲，我又的确在理性和直觉层面服膺这样的言说：一句真话能比整个世界的分量还重。的确，提出一个真问题，漂亮作答，这正是一个研究者所要做的。

文化包罗万象，关于文化的界说从来都是莫衷一是。文化是束之高阁的经典，也是人们在街角的相遇，自然之外均是文化。威廉斯认为文化就是生活方式，汤普森说文化就是意义系统，只不过服务于权力的那部分是意识形态。在他看来，媒介传播与资本主义、民族国家及军事力量构成了现代性的制度性维度，这四者分别发挥者符号权力、经济权力、政治权力与强制权力的功能。没有哪一个文化不是分享传承的，因而说文化也就是传播，传播也就是文化，本书正是在这个意义上使用"文化传播"的概念。"媒介景观"的标注既来自居伊·德波"景观社会"的启示，勾连着道格拉斯·凯尔纳的"媒介奇观"，也是当今时代"视觉性"的隐喻。希望本书能将以上意图清晰托出。

是为序。

薛　龙

上编

观念声场：文化传播的多维透视

第一章 新闻传播的文化阐释

第一节 新闻文化：奔突于神圣与世俗之间

新闻当然有数量庞大的技术性理解。美国威斯康星大学新闻学院的布莱尔教授说，"新闻就是新近发生的，能引人兴味的事实"。中国第一本新闻学书籍的撰著者徐宝璜也有相当的看法，"新闻者，乃多数阅者所注意之最近事实"。曾经享有盛誉的《申报》则说，"一切可惊可愕可喜之事足以新人听闻者"皆是新闻。而美国记者博加特所说"狗咬人不是新闻，人咬狗才是新闻"的名句恐怕是最为耳熟能详的理解了。在新的知识环境之中，从传播与信息的角度对新闻所做的种种界定也极其丰富。此外，也有面对权力的弥散及其抗拒意义上的看法，"新闻是有人不想让你报道出来的东西，除此之外都是广告"（News is what somebody does not want you to print, all the rest is advertising.），[1] 这些都道出了新闻的常态、认知与规范，但以人们文化关切的姿态而言还是显得分量不足。及至布莱尔的"新闻是人们沟通心灵的工具"的认知的重新被发掘，人们才又向新闻发出了历史与文化的追问。

传播的欲念自人类社会诞生的那一刻起就与人类不再分开，这与食物的生产、安全的依托，以及生活的有序都密切相关。如果"放宽

---

[1] 维基百科英文版"新闻"词条，https://en.wikiquote.org/wiki/News。

历史的视界"的话，那么新闻的确是从来就有的。但现代意义上的新闻却有着更为严格的评价标准。它有赖于社会文化整体转向下所提供的种种可能。在西方，它出现于新兴资本实力活跃的类似威尼斯这样的地区；在东方，它是与殖民者一同进入的传教士辗转在马六甲对中国人所做的精神布道。紧接而后展开的就是报馆的建立、记者的出现、职业协会的诞生、学术研究的发轫，以及与之伴生的职业理念的生成。

  论及新闻的现代性，文化的现代性问题不可回避，因为新闻就是文化的重要形式之一。自人类社会从原始时期迈入古典时期，文化也从高度整合迈上了分化之路。在雅斯贝尔斯所谓的那个"轴心时代"，原始文化呈现出高度整合的特质，"今天意义上的艺术或是审美文化，在原始文化中是与原始宗教和巫术紧密联系在一起的，彼此无法区分"[①]。新闻的原始形态体现在祭祀、宗教与部落管理等社会仪式中，难以被单独抽离与书写，人们种种社会文化活动之中包含着朴素的"新闻"因素。而到了古典时期又有所不同，古典时期的文化与原始文化有着许多差异，它建构起来的是统治阶层的贵族文化与被统治阶层的民间文化，或者说它建构起来了神圣世界与世俗世界两种精神空间。而这两种世界的划分最终是要以神圣话语与世俗话语的两种表征形式出现的。

  新闻的前现代性图景中，我们更多看到的是贵族文化活跃的身影。欧洲中世纪时期，贵族和僧侣们频繁地通过书信进行观念与知识的讨论。从不定期出版的小册子到定期出版的哲学通信，传播的姿态得以合理化与常规化。这被后来的新闻史学家解释为报刊的兴起。如果说这些就是新闻的早期形态的话，那么很显然，这样的新闻形态是限定在特定的精英群体中的，其所刊载的内容、使用的语言概念、谈论的口吻、凸显的话语方式都具有精英性的共同指向。日常生活与民间文

---

① 周宪：《文化表征与文化研究》，北京大学出版社2007年版，第24页。

化关涉的世俗世界被挤压边缘化，成为历史文本中一个隐蔽的存在。由此所构筑起来的古典时期新闻话语对神圣世界的指认，与我们今天所看到的新闻的大众传播的景象大相径庭。

但是古典文化的神圣话语与世俗话语却不曾有事实上的必然冲突，二者保持一种分治结构上的和谐。往往是贵族文化从民间文化中汲取养料和成分，开始进行不断的抽绎、提升与创作而生长出新的文化面相。比如，唐诗宋词元曲明清小说，都是在民间文化的沃土上建立根基并灿烂其光的。两种话语的分野并不意味着两个世界的冲突，神圣话语对世俗话语进行借用、改写与发掘，文化呈现的是自下而上的流动生成。新闻是神圣话语的表层化、外在化与日常化，它表现出的是对古典文化的阐述与传布。在这其中，民间文化的旨趣缘于物质条件的匮乏、读者智识水平的欠缺与信息不能得到充分传播。

中国的报纸诞生于汉朝还是唐朝尽管依然还有争论，但是史书有记载的"邸报"被一致认为是中国新闻事业的早期形态。邸报出版于地方行政长官在京城建立的办事机构，专司报告中央政府的政治情况与人事变动，开展的是组织传播。中古以后，早期的新闻事业在宋代的小报与明清时期的京报有不同的形态显现。在这些报纸中，统治阶层或曰精英集团的话语不断被重复书写。唐人孙可之《经纬集》中《读开元杂报》一文，或者宋代因为政治的高压而诞生的小报大多是对于政治人物与政治事件的报道，都清楚地印证了这一点。小报在不能禁绝而被明清中央政府收编的态势下，在内容上看，"与邸报没有什么区别"[①]，主要由三部分组成：一是宫门抄；二是皇帝谕旨；三是臣僚奏章。新闻在中国古代的命运，置身于政治社会文化场域之中左冲右突，摆脱不了贵族文化与精英文化的演说框架，成为神圣世界与世俗世界区别显在的场域。

知识与观念阐述的权力属于贵族与精英阶层，知识与观念的传播

---

① 袁军、哈艳秋：《中国新闻事业史教程》，中国广播电视出版社2001年版，第16页。

工具为贵族与精英阶层所掌握，这一切都清楚地表明新闻在神圣世界营造上的建构作用。新闻成为神圣世界与世俗世界符号斗争的重要场域，它以新闻话语神圣与世俗的分野而有不同的呈现。

文化上的现代性肇始于西方宗教改革与文艺复兴，以及工业革命的历史性转向。但历史的偶然性在于这一切都发端于技术革新的个体事件。公元1450年前后，德国工匠古登堡创造性地用金属活字印刷技术改写了人类的文明进程。古登堡首先大量印制的就是西方文明中的经典文献《圣经》，当《圣经》的接触权与解释权从传教士手中转移到平民手中时，古登堡以他工匠的身份清楚表明"正是地位低下、默默无闻的人们才将把历史炸开口子"①。而印刷术的普及催生了一个新闻繁荣时代的来临。

现代文化的特质在于各种知识与艺术形态都在其中找到了各自的合法性。文化形态以各自的规范与自律完成了合法性的论述。现代知识、现代观念、现代职业、现代评价体系渐次得以建构。与原始文化的高度整合性区别的是现代文化在分化的路上逐渐远行。尽管与古典文化具有同样分化的表象，但是现代文化的分化状态要比和谐的古典文化有着更为强烈的冲突事实。新闻在文化的脉络中处在艰难的嬗变中。

新闻在中西方现代性的早期首先被政治精英话语所征用。在美国，政党报刊因为理念与实践的差异出现独立派与亲英派、联邦派与邦联派的激烈争论。精英话语开始俯身用世俗话语传达各自的政治理想。限定于特定农业、工业、商业、文化阶层与趣味的报刊纷纷创办，以此来招揽相应的人群，完成相应的政治动员与经济动员。崇尚禁欲、奋斗的新教伦理与资本主义精神找到契合点，开始将新闻话语充分操演。《圣经》由宗教的派送转向市场的兜售充分说明新闻所引领的那

---

① ［英］特里·伊格尔顿：《沃尔特·本雅明或走向革命批评》，郭国良、陆汉臻译，凤凰出版传媒集团、译林出版社2005年版，序言第3页。

个世俗世界正以无比强大的感召力让神圣世界向世俗世界不断倾斜。

现代文化的自律与规范，与即将展开的市场逻辑图景形成了激烈的冲突，常常是那些坚持文化标准的事物因为与市场交换法则不相适应而被边缘化，而那些与大众趣味相投的文化文本却能够赢得更多的经济效益与象征价值。新闻神圣话语与世俗话语的冲突正在于此，因为它不想被历史和现实社会所抛弃，迫不得已而不是心甘情愿。这种半推半就的心态充分显现在关注神圣世界的文人与学者对世俗话语的轻蔑，以及神圣话语被世俗话语的借用与重写。

新闻的现代性命运充分反映了精英文化与大众文化的对抗与冲突，它从神圣话语的阐述者转而成为世俗话语的卫护人。在挽救历史中国的衰败命运的各种方案中，康梁集团一方面运用报刊宣传政治理念、进行政治动员；另一方面在计不得售的境况下转而委身于报刊向修齐治平的理想迈进，赓续文人论政的传统。

新闻的神圣话语与世俗话语的交汇与媾和展现了现代文化的另一副面孔。文化分化在冲突之中也呈现出相互结构而达致共享的可能。这一理念是在世俗世界对于神圣世界的消解中以人们的理性为表征的。

德国哲学家哈贝马斯的研究表明，现代社会的早期，在国家权力领域与市民私人生活领域之间存在着一个公共领域。17世纪晚期和18世纪早期的文人雅士聚集在巴黎和伦敦的咖啡馆和沙龙里争论各种文化和政治问题，协商整合起一个逐渐分化的社会中的共识。公共领域后来逐渐由实在的物理场所转向虚拟的传播媒介，新闻一方面在传播神圣观念，另一方面却要使用世俗话语。

美国便士报的兴起昭示着世俗话语的合法性，举凡是普通民众感兴趣的话题都是报道的对象，甚至不惜发动世界大战来增加新闻的销量。这一切都呈现出复杂的意涵：一、新闻投世俗世界所好在一个时期内取得了巨大的成功；二、精英文化所关注的神圣世界要么对于新闻不屑一顾要么包裹上新闻的外形；三、新闻在一味满足公众需要的情况下，将把自己推向危险的边缘。因为作为一种文化的新闻在理想类型下总是要有一定的净化与促进功能。

所幸的是新闻在作为一种共享文化的感召下,以及新闻人的警醒下,迅速收住了向世俗世界的脱缰之绳。曾经醉心于便士报大战的普利策晚年即有名言,"新闻记者应该成为社会的'瞭望者'"。为此他还在哥伦比亚大学设下新闻奖项,以嘉奖那些新闻专业主义的实践者。

新闻在现代文化的分化状况下显现出的是神圣话语与世俗话语的对抗,它不可避免地偏向世俗世界;而在现代文化的共享的可能性下将迈向悬崖边的世俗话语又重拉回与神圣世界恰当的平衡。

文化可能是最为难以界定的概念之一,人们站在不同的视角对它做出了种种解释。在传统意义上而言,人们的文化概念多局限于经典文本,它存在于类似中国的经史子集这样的典籍之中。现代性的新闻观念根源于世俗社会的交往,作为大众文化形态重要一员的新闻在那个时期自然难以归于文化的阐释。

工业革命以来,伴随着大众社会的形成而诞生的大众文化重构了人们的意义之网,文化研究发生了巨大转向,英国文化研究巨擘雷蒙德·威廉斯就此对于文化有这样的描述,"文化是对一种特定生活方式的描述,这种描述不仅表现艺术和学问中的某些价值和意义,而且也表现制度和日常行为中的某些意义和价值。从这样一种定义出发,文化分析及时阐明一种特殊生活方式、一种特殊文化隐含的或外显的意义和价值"[①]。不难看出,文化以一种向下的姿态,验证了日常生活的合理性。

我们说文化就是日常生活,也就是在说新闻就是日常生活。文化研究的转向为观察新闻提供了新的视角。新闻对于世俗世界的持久兴趣与不断再现而有了现在的得当性。

今日的新闻文本中强烈地表现出对日常生活进行着摹写与描绘,

[①] Raymond Williams, *The Analysis of Culture in John Storey*, de. Cultural Theory and Popular Culture: A. Reader Athens, The University of Georgia Press, 1998, p.48. 中译文参考赵国新译《文化分析》,载罗岗、刘象愚主编《文化研究读本》,中国社会科学出版社 2000 年版,第 126 页。

举凡是人们的吃穿住用行都是新闻书写的对象。食物的买卖与安全，可口佳肴的烹制，时尚衣装的选用，舒适居所的打造，美容卫生用品的购买指导，符合品位与身份的交通工具的选购，新闻在世俗话语的使用以及世俗世界的打造中不遗余力，一个世俗世界的新闻图景已然构就。

在新闻世俗话语的印证里，新闻娱乐化中所表现出的隐私暴露与偷窥欲望可能最有典型性。以今日的中国新闻文化而言，选秀节目的遍地火爆，煽情策略的频繁应用，民生新闻的甚嚣尘上，公民新闻的方兴未艾统统让人们沉浸在世俗话语的快乐中而不能自拔。在市场经济架构之上以及多元文化理想的蛊惑之下，新闻使用世俗话语与建构世俗世界的心态从未如此理直气壮。新闻的神圣话语并不是在被打压的状态下而失去其效力的，它是在作为文化的神圣世界被重新理解而逐渐以向下的姿态与世俗世界再次建立了亲密的联系。

为着有效生存，人类进行着种种设计，文化得以形成。新闻就是文化的产物之一，特别是时至今日，如果不能理解新闻在当代文化中所扮演的重要角色，是根本无法穿透现时文化本质的。在这样的前现代痕迹与后现代碎片同时存在的历史情境中，新闻如果不投身于世俗世界的话，它只会很快成为人们怀念的对象；而新闻如果对神圣世界不心存敬畏的话，它也很快会把自己引向不归之路。

第二节　广告新闻化的历史文化探究

广告与新闻的互相渗透是近年显见的事实，新闻的广告化在媒介竞争日益激烈的环境中如果说还是可以理解的话——它主要表现在新闻价值追求上的戏剧化、内容作业上的惊骇化，以及市场新闻学的崛起——广告新闻化则受到了论者的激烈批评与抵制，在将真实视为新闻生命力的基本教义派看来，广告大规模地披挂上新闻的外衣与话语，意味着新闻被广告殖民与策反的状况正在持续蔓延，这将最终瓦解新闻传播事业的合法性。

已有对广告新闻化的研究资料,往往采取了以下几种视角:

1. 社会转型。社会转型给我国各项事业造成了深刻影响,新闻媒体双重性质的确认,坚持党性原则与服务市场大众间的潜在困境,传导至媒介经营与采编层面则造成了广告思维与机制的普遍植入。社会转型是结构的力量,它有力量将结构中的人与物重组与再造。这样,新闻的难以归新闻,广告的也就难以归广告,二者互相改造,枝蔓丛生。

2. 操守缺失。新闻人的操守缺失首先是来自组织层面的制度失范,组织鼓励下的新闻神圣性的放逐以及组织恶文化的升腾[1],组织的评判标准从"能不能写"变成了"会不会挣钱";其次,作为个体的记者罔顾职业操守,将新闻事业化公为私使其沦为个人牟利工具,因而记者被冠以"文化流氓"的称谓也就不难理解。一般认为,"新闻生产有组织的常规流程"[2],但记者也有在新闻中夹带广告私货的技巧,新闻的选择及写作上的自由度其实预留下了暧昧的空间,从而导致了有偿新闻、红包新闻的不良风气。

3. 广告营销的精细化。从广告营销理念的演进来说,随着传播环境的退化,原有的4P或者6P已经发展至愈加关注媒体开发、组合以及营销情景的诠释分析。置入性营销虽然早已有之但它的普遍采用却才是近几年的状况,置入性营销是商业资本与媒介资本深入交汇的产物,此种表现的广告新闻化是工具理性的又一次胜利。当然也有研究者指出,"置入性营销的盛行不仅影响新闻产制,也影响新闻专业与自主,对新闻记者的工作自主权、工作满意度、未来工作计划及工作态度都产生负面影响"[3]。

以上三种理路可以概括为广告新闻化的社会背景分析、道德批判

---

[1] 如报道同行收取山西矿难封口费的《西部时报》记者戴骁军不被报社承认员工身份等。
[2] 盖伊·塔奇曼:《做新闻》,麻争旗、刘笑盈、徐扬译,华夏出版社2008年版。
[3] 罗文辉、刘蕙苓:《置入性营销对新闻记者的影响》,《新闻学研究》2006年第89期。

与技术的演进。应该说，这三种方式各自揭秘了广告新闻化的一个侧面，都有优点，但各有问题。社会结构当然有很大的影响力，但不能忽视个体的能动性，重建主体的呼声值得重视；道德批判站在理想状态下的矫正努力弥足珍贵，但道德批判的前提是先要透析问题的症结所在，以此来增强批判的底气；技术视角下的新闻广告化看起来是顺理成章的问题，广告商与广告公司还会感受到一丝暖意；创新无止境，但少了价值理性的依偎彼终究会无地可容。

现代社会的迅速发展催生了数量庞大、功能各异的社会组织，媒体在这些不同社会组织关系的软性协调中扮演着必不可少的角色，公共关系事业20世纪20年代在美国的出现迎合了这种潮流。在错综复杂的社会关系中，媒介与其他社会组织的关系居于中心地位，各种公关稿件的泛滥也就成了广告新闻化的另一种表现形式。广告新闻化与公关的关系未被开垦反映了人们对这一现象与问题仍缺乏深刻的认知。本节的兴趣则在于发展出一种视角——以文化的方法来重构我们对广告新闻化的看法，探究广告新闻化与媒介传统有着怎样的千丝万缕的联系，这种分析的完成，再结合以上相关文献的回顾对于广告新闻化的认知呈现更为饱满的理解，从而拓展更为开阔的思路。

一 广告与新闻的一种商业起源

今天我们所说的"广告"有更多的商业意涵，或者说"广告"本身就是一种商业话语，约翰·肯尼迪曾将广告称为"纸上推销术"，《中华人民共和国广告法》中明确了"本法所称广告，是指商品经营者或者服务提供者承担费用，通过一定媒介和形式直接或者间接地介绍自己所推销的商品或者所提供的服务的商业广告"。一旦广告被认定为谋取利润的商业工具，其所沾染的铜臭味很快使其被打入形而下的境地，所以它对于担负沟通人类心灵的新闻的进入难以被接受。

现代性广告观念形成之前有一个漫长的蒙昧期，翻译自外文的"广告"概念语词变化中的指向不断在位移，中文历史上虽然也有

文化传播的媒介景观

"智巧之术""告白"的叫法，但要看到作为迫不得已展开现代性的中国来说，广告及新闻的现代意义在整体上受到西方影响，当然中国对其的改造变形以及对传统的赓续是另一面，所以西方"广告"观念的嬗变无疑是一个很好的观测点。

17 世纪是广告观念形成的重要阶段，advertisement 一词出现以前，人们用 address、intelligence、announce 与 information 等单词来指向，理解各异但大体上都有广告意味的那种存在。可以理解，这些词的主要意义都有信息、消息、宣告的成分，对于新生的广告事物应该如何界定，其实大家也都是莫衷一是，只好捡着既有语汇中就近的单词来表示。这一对广告的理解比现在人们对于广告核心意涵的认知要宽泛得多，也为广告新闻化的批判留下了隐忧。另外，广告的这种模糊与暧昧的称谓也符合古代文化没有分化的特点，知识与行业的分化与自律还未能建立。

1645 年 1 月 15 日，英国出版的 *Weekly Account* 卷首有 Collections of Special Advertisement from Portsmouth Oxford 的标题，[①] 此处的 advertisement 应作事情、消息或者讯息来理解，并不特别具有今天的广告意涵，莎士比亚的戏剧《无事生非》中台词所使用的 advertisement 也对那个时代广告认知做出了证明。[②] 可以看到，至少到文艺复兴或者西方现代性展开之前，advertisement 还没有沦为一个简单的商业话语，其在传播语义上的丰富性不是现在的这个词所能涵盖的。从语词入手联系起来看，现在的"广告"观念与彼时的"新闻"观念是趋近的，或者说二者能指不同但所指趋近。

现代意义上的新闻报刊起源于欧洲，它的历史可以追溯到 15 世纪。在类似威尼斯这样的资本主义新兴城市，人们对于市场行情、商品销售，以及来往商船信息都非常关心，市场需要催生了专门采集传

---

① 文春英：《外国广告发展史》，中国传媒大学出版社 2006 年版，第 70 页。
② 《无事生非》第五幕第一场，奥那托说，"我悲哀的呼号会盖住劝告的声音"。其中"劝告"的原文写为 advertisement。

播这些信息的手抄新闻，这种售价一个铜币的"格塞塔"报纸，"内容主要是商品行情、船期和交通信息，间或报道政局变化、战争消息和灾祸时间"[①]。我们今天理解上的新闻内容成为"间或"报道的内容，它的重要性看起来远不及商品与交通信息来得重要，而这些近于广告的内容形态如今却被看作媒体的附加成分。早期报刊历史的一个侧面表明，广告在某种程度上的重要性与新闻旗鼓相当，二者是被混杂在一起来理解看待的，无涉思想与政治的商业性的广告内容似乎离国王的统治较远。

从以上历史我们可以看到，早期报刊对于新闻与广告之间的区别非常少，可以说二者是含混在一起的，无论广告还是新闻都被当时的人们看作有价值的信息内容来刊载的。不能否认，这种传统经验对于今天人们认知新闻有一定影响，新闻与广告除却各自的核心与本质概念外，大量的现象与事实是存在于二者的边缘交叉地带的，认知作为一个整体在实质上是难以单独呈现的，它总是会将一个事实的各个侧面牵引出来，并由此成就了意义与论述空间的所在。比如人们很容易注意到这样的情况：某位专家学者对一部书或者一部机器的评品推介不会被认为是广告；而某位明星代言的产品则被先验地认为是广告行为。

历史传统就是如此明显地影响着人们的认知方式，广告新闻化在很大程度上并不是一个新的发明，它如果是一种"罪过"的话，也不完全来自于市场转型所引发的副作用，从形式上看与其说它是一种发明不如说它是一种回光闪现。

二 政党报刊与被兜售的政治理念

在"广告"作为一种商业话语的狭隘理解下，还有一类新闻形式是被排除在视野之外的，这就是在新闻史上占有重要地位的政党报刊。

[①] 郑超然、程曼丽、王泰玄：《外国新闻传播史》，中国人民大学出版社2000年版，第10页。

文化传播的媒介景观

政党报刊在资产阶级共和国初期,以及社会主义革命及完成后都是一种影响深远的报刊类型。政党报刊有很强的倾向性,它主要的用意是传布一种意识形态,影响并争取民众的支持,塑造认同,转化为革命行动是最终目的。列宁曾有名言:"报纸不仅是集体的宣传者与鼓动者,也是集体的组织者。"报刊在革命活动中的角色就此可见一斑。新闻有时被称为信息,但它与信息的最大不同是其与政治语境的密切关联。

美国独立以后的半个世纪里,联邦派与反联邦派围绕宪法制定与国家政策展开激烈论争,双方凭赖的一个载体就是报纸,有名的如联邦派的《美国公报》和反联邦派的《国民公报》。在自由民主国家,权利斗争更多是以演说和辩论为主的非暴力形式来进行,报纸天然的具有意见论坛的作用,从而成为双方理念与意见的表达载体。统治者无论持有何种政见,总是以最大程度争取多数民众为目的。

如果说广告主、商品或者服务、广告公司、媒介与消费者构成了广告传播的基本流程的话,那么在政党报刊时代,政党理念或者意见、记者与报社、报纸与公众就构成了另外一种循环,除却在文化与价值层面政治话语有着更高的正当性之外,我们实在看不出这二者在"劝服"的用意上有什么本质不同。商业关注利润的最大化,而政治聚焦于资源的分配。美国一位反联邦党人在报纸上这样评价两任届满发表告别演说的华盛顿:"如果曾经有一个人使国家堕落了,美国就是被华盛顿堕落了。如果曾经有一个国家遭到了不正当影响,美国就是遭受了华盛顿的不正当影响。如果一个国家曾经被一个人欺骗,美国就是被华盛顿欺骗了。我们当以他的行为作为前车之鉴。它的教训就是任何人都不能愚昧无知。"[1] 试问这样的修辞与最拙劣的广告有何不同?庞贝古城遗址中曾发现过这样一则选举广告:"所有的小偷都强

---

[1] 埃德温·埃默里、迈克尔·埃默里:《美国新闻史》,展江译,新华出版社2001年版,第109、110页。

烈要求你们选举瓦提亚为市政官。所有的懒虫都强烈要求你们选举瓦提亚为市政官。所有的酒吧女郎都支持瓦提亚。"① 这样充满反讽意味的广告就是后来政党广告的一个先声。

今天西方政党的分歧更多体现在选举时刻，政党报刊已经不是堂而皇之地出现了，电视时间被要求公平分配给各党的候选人，以此把对选民的影响降低到最低程度，这也是竞选人新闻有时会被认为是免费广告的无奈之举。改头换面后，各种左派或者右派的报刊继承了政党报刊广告的遗产，以此来影响公众。

中国近世面临的内忧外患引来各种救国方案先后试验，自五四运动以后苏俄共产主义与英美自由主义成为波及面最为广泛的两种意识形态，国共两党的成败自然有很多不同的分析路径，但中共在舆论战上的优势却是共识。站在广告角度看，毛泽东被认为是最为成功的整合营销传播大师②，凭借阶级斗争思想动员了一个阶级的仇恨与反抗。时至今日，不少成功的广告人即以毛泽东思想作为基本策略，著名广告人叶茂中就直言，"毛泽东教会了我做广告"。长年在《中国广告》杂志封二上做广告的上海灵诺策划传播机构总裁张家祎就宣扬毛泽东思想在广告作业中的重要性。

三 铅字印刷对广告新闻化的技术影响

人类的新闻传播形态大体经历了口耳、手抄、印刷与电子等阶段，每一种介质的运用都打开了某种传播可能性，也遮蔽了某些方面，生发出新的论述空间。口耳相传易于即时互动，但信息的保真性不足。古典中文之所以形成言简意赅的表述方式，除却文化与思维上的原因外，丝绢与竹简作为载体也有相当大的技术限制。如果说广告新闻化作为一种传统而不是最近发明的话，那么技术到底对二者的关系产生

---

① 郭长刚：《失落的古文明：古罗马》，华东师范大学出版社2001年版，第58页。
② 张家祎：《谈毛泽东式广告——中国原创整合营销传播之道》，《中国广告》2002年第8期。

文化传播的媒介景观

了怎样的影响？

现代报刊样式出现以前经历了一个新闻信、新闻书阶段的准备期。新闻信流行于上层社会，当权者与贵族僧侣用此来交流见闻、探讨问题。这种被认为是早期新闻样式的形态当然具有更多书信的特征，比如没有标题、内容不够集中、主观色彩较强等。标题一般被认为有指示、引导的作用，它是新闻区别于广告的主要外在形式之一。到1625年，英国的新闻书《不列颠信使报》创刊，独立标题才出现在早期报刊上。[①] 由此看来，没有标题的所谓新闻存在了一段相当长的时间，具有广告特质的信息就视觉效果而言，很难与新闻内容做出清晰的区分。

古登堡金属活字印刷技术的发明推动了报刊形式的标准化与现代化，大规模批量化的新闻生产成为可能。印刷技术的作用是使个人写作变成一种公共写作，其内容看起来不容置疑，伊恩·P.瓦特对于印刷的看法极有启发，他说"印刷的权威性——认为一切印刷出来的东西必然是真实的印象——很早以前就已经确定"，"印刷，对于读者乃是人类的正确无误的样本——没有必须证明自己是值得信任的演员、游吟诗人或演讲者。这是一种全世界都看得见的物质的真实，当其中每个人都长辞于世时，它却依然存在着"[②]。技术并不是纯然中立的，印刷技术的出现存在将存有自由度的报刊写作与版面神圣化的倾向，它使新闻与广告内容看起来充满"真实感"。

从报刊版面的视觉效果而言，按照基本栏顺序排列文字，不破栏是西方报纸的一个典型风格。活字印刷本身不能提供更多版面元素变化可能，而报纸排版端赖手工操作的限制也驱使版面走向简单大方的风格，繁复的字体变化、字号调整、条框图片等美编技巧难以有充分发挥的空间，报纸看起来都有"灰头土脸"的印象。早期西方报纸一般用两列通栏来编辑版面，今天看来难以想象，这也为新闻与广告的

---

① 文春英：《外国广告发展史》，中国传媒大学出版社2006年版，第51页。
② 伊恩·P.瓦特：《小说的兴起》，高原、董红钧译，生活·读书·新知三联书店1992年版，第221页。

混杂预留下了余地，二者外在而言几乎看不出有什么区别。好一点的报纸如 1702 年出版的第一份英文日报《每日新闻》，会把广告内容用一个大大的"ADVERTISEMENT"表示出来，其他的非细心则难以明辨。

到 18 世纪中期，手绘图画开始较多地出现在报纸版面上，广告商用它来吸引消费者的注意。新大陆的迅速发展进一步加剧了原先新闻纸的短缺，"当时制造纸张的原料只能用破布，但是造纸用破布的短缺使得这种纸张难以买到"[①]。长期的报纸短缺使报纸版面显得更加拥挤，更多的内容挤进了幅面没有多大变化的版面上，新闻与广告清晰区分的历史不得不继续向后来延伸。

当代报纸版面丰富的表现手段依托于电脑激光照排技术的发展，20 世纪 90 年代初王选北大方正照排技术的推出，不是一次简单的技术进步，而是汉语文明传播史的巨大推进。全版、半版、四分之一版面的广告表现愈加美化。新闻与广告的区分变得比较明显，有报刊阅读经验的人都知道，广告一般就出现在非主要版面或者版面的非主要位置上。

在技术的视角下我们看到，印刷赋予了新闻与广告某种权威性。技术的早期历史表明，新闻与广告的无法清晰区分明显受到印刷技术的影响，这种模糊更多地来自于印刷技术上的情非得已，也为如今不少包裹着新闻外衣的广告信息——公关稿找到了传统模样。在一次授课的即兴试验中，笔者发现，连受过媒介训练的大二学生，都异口同声地指着一篇"软文"说那就是新闻，虽然从外在形式上看它确实如此。

四 现代文化到后现代文化的流变

新闻从来就是神圣话语与世俗话语激烈交锋的一个场域，而广告

[①] 朱丽安·西沃卡：《肥皂剧、性和香烟》，周向明、田力男译，光明日报出版社 1999 年版，第 23、24 页。

文化传播的媒介景观

本身与世俗世界有着天然亲和力。新闻中神圣话语对于精神性与高尚性的追逐其实与广告的物质功利性有着迥异的趣味，可以说神圣性的新闻话语是排斥所谓商业广告的，比如宗教通信局限于精英群体，政党报刊有专项拨付的运作资金，以此来保证它们成为纯粹的观念与意识的播散者。

现代文化建立了知识与职业的分化及自律。新闻与广告作为两种知识生态看起来的确不同，这与古典文化高度整合的特点不同，那时并没有发展出新闻与广告的严格区分，二者是以融合、混杂、难以明确区分的样态出现在人类早期传播文明史上的。"新闻就是新闻、广告就是广告"的看法从而在一个更为广阔的价值认知层面上被予以支持。

革命之路被历史洪流解体之后，后现代文化作为现代文化的补充和修正样态发展起来。理性经验的坍塌让人们看到一条非理性线索长存于历史潜流之中，合法性的概念就此改写，新闻文化愈加偏向于一种世俗话语，在这其中日常生活的得当性被重新确认。

日常生活的美学建构导致大量服务性、实用性、娱乐性的新闻文本弥漫丛生，其间构造了一个广告运作的巨大语义场。广告是天生的世俗话语，革命激情退却后，生活的无意义感被愈加放大，"无聊"成为人们的口头禅，生活的意义需要予以赋予，媒介就是一种重要的意义赋予机制，新闻与广告是其中须臾不能分离的孪生体。广告在为产品注入意义时，也为人们的生活灌注了意义，但与现代文化时期的不同之处在于，广告加强对消费者的硬传播的同时，开始以更为隐蔽与曲线的方式绕道进入了新闻文本之中，这对于正在着力构建消费文化的新闻来说也算正中下怀。

当报纸扩版、改版成为一种风潮时，我们看到的是各种周刊的创办，比较常见的如汽车周刊、教育周刊、时尚周刊、房产周刊、读书周刊等，每一种周刊与其说对准的是细分读者，不如说对准细分广告商，这些周刊提供了人们世俗生活的指南针，它让日渐乏味的精神生活似乎有了方向。周刊不同于普通新闻版面的生产方式，让其成为广告型新闻最为庞大的一个存在。正是关注着世俗生活，记者即便是在自以为是的、客观中立的写作中，也总是逃避不了具体事实——包括具体产品、具体人物、具体公司或者机构——的引证与书写，非此即彼，无可逃避，而这些都构成了广告的可能。

现时前现代痕迹与后现代碎片共存的状态，使新闻与广告之间的互相渗透或者各自评价少了统一的价值标准，它所引发的反思与怀疑的思潮又使曾经分化的知识呈现汇流的趋势，无论是广告的新闻化还是新闻的广告化都存有一定程度的合理性。从现代文化到后现代文化的流变中，广告与新闻都在重建着各自的认知空间和边界范围。

第三节　作为广告援手的公共关系

公共关系的诞生已经有一百多年，时至今日，公关现象可也说普遍充盈于人们的日常生活空间，国家公关、城市公关、企事业单位公关、品牌公关，甚至个人公关已经成为广泛存在的社会现象。不同于对于私人关系的关注，公共关系的兴趣在于探究并增进个人与社会组织、社会组织之间的关系，从而在一个日渐分化的社会中实现一种"社会团结"，有学者在此意义上认为，公关的首要任务，在找回因都市化而失去的社群感，即一种街坊相亲、休戚与共的感觉，社会学的视角让人们看到在都市丛林里重建交往的努力。对于社会关系的调节一般具有硬性调节与软性调节两种方式，随着社会关系的多元化与复杂化，硬性调节方式需要更为有力的软性调节手段予以配合，从而达到对不同社会组织，以及整个社会的重新整合，公共关系的意义正在于此。而对作为一种劝服方式的广告来说，公关打开了新的论述空间。

作为一种知识体系与社会形态，公共关系的主体性获得了日渐广泛的共识。离了公关的广告与离了广告的公关，都会显得单薄，但公关在社会实践层面的客观影响总会让人误解其为广告的矫正力量。

劝服消费者，是现代广告的立身依据与本质追求；因此人们看到，

文化传播的媒介景观

新的创意方法层出不穷，新的传播媒介不断开发，新的表现技术相继投入使用，新的消费族群细分炫人耳目，新的广告监测手段前仆后继。但是，时代变迁之下，广告于劝服消费者这一目的达致愈加显得力不从心。

广告人不甘受困，科学派与艺术派交替大战；新闻人施以援手，版面与节目运作向广告商敞开大门；营销专家更是雄心勃勃，4C、4P、4R，营销策略不断升级直到出现试图一网打尽的 IMC（整合营销传播），传播学与市场营销学领域的所有研究者几乎都加入了挽救广告颓势的大合唱。及至 21 世纪之初《公共第一，广告第二》一书在美国的出版，人们猛然发现，就劝服消费者，或者向更宽泛意义上的公众进行说讲而言，广告已经居于公共关系之后，尽管公关的气质风貌迥异，但差强人意地称其为广告的援手不失为一种简约化的认知。

公共关系自有其知识脉络与学科主体，把公关看作广告的补充、调整与超越是不符合事实的，从表象而言它充其量只是广告众多热心相助者中的一员，但广告与公关的关系却殊为密切，至少从外在功能而言。广告之所以衰落，公关之所以崛起的一个重要原因就是广告传播环境的退化。

广告传播环境退化是说，就广告劝服消费者的本质而言，其在短期、即时效应上的影响力愈加黯淡起来。之所以会出现广告传播环境的退化又牵扯到两个因素：广告信息间的激烈竞争、消费者接触广告信息的警惕性提高。

现代广告早期扮演得更多是信息告知的角色，这其实不难理解，在一个物质相对匮乏的年代里，社会产品对于人们生活需要的满足远不能达到饱和状态，供小于求的市场状况决定了产品销售并没有多少问题，问题是没有充分的产品供给，广告只要能传达产品的基本信息点即可完成销售，在创意与表现上并不需要动太多的心思，广告创意与表现也缺乏内在的动力。毋庸置疑，此时的广告效果是非常好的，即较小的广告投入能获取较大的销量。

但是，随着物质丰裕时代的降临和广告媒介的多元化，只是传达产品信息的广告效果显然会大打折扣，因为人们的注意力总是有限的，并且这有限的注意力往往会为奇思妙想、古灵精怪的广告创意所打动，从传达信息到阐述信息是广告作业的必由之路，创意的不断创新就此将广告人打入万劫不复的境地。同一品类不同产品的各种广告就此大量涌现，广告轰炸密集而来。考虑到产品同质化已经成为现时的普遍现象，那些真正能在同类产品广告中脱颖而出的经典广告不能说寥寥无几，但的确是屈指可数。

广告信息的竞争使人们生活的环境愈加喧嚣、嘈杂。首先是产品门类的多样与数量增加稀释了广告的重要性；而后极力争夺消费者好感的广告互相稀释了各自的重要性。没有一个产品单纯依赖广告，也很少有单一广告就能成就产品的案例。正如美国广告商约翰·沃纳梅克所言："我知道在广告上的投资有一半是无用的。"

更加奇妙的创意表现、更为高效的媒介组合，成为一则广告胜出的不二法门。应该看到，充满艺术灵动的好广告并不多，大量平庸甚至恶俗的广告让人不堪卒读，好广告的确优化了人们的文化生活空间，但也一次又一次抬升了消费者接触广告的阅读期待，广告的求变创新愈加成为一件难上加难的事情。不仅如此，"太阳之下本无新物"的宣示同样让广告人踯躅难行。

公关的兴起还与消费者对广告的挑剔、苛责甚至抵制有密切关联。回避广告是一种常见的媒介接触习惯，遥控器的出现立刻成为广告的噩梦，报刊的增厚、广电频道的增多，以及互联网的互动趣味特质进一步的离间了消费者与广告间本就不够紧密的关系。据说，美国人每天要接触1500条广告，中国人每天也要接触600多条广告，试想，生活节奏紧张、处于各种信息挤压下的现代人岂不就是见了广告就躲！

近几年随着媒介素养教育的提倡与推广，消费者对于广告信息的接近、辨别、使用能力得到明显提高。由于整个社会的信任度下降，广告的可信度也变得风雨飘摇起来，作为一种广告形态的电视购物几成谎言的代名词,"越做广告越不可信"成为一种对抗式的解码策略。兴起于英美的消费者运动在国内也得到回响,消费者的主体意识、权利意识与平等意识很大程度上消解了广告的得当性,广告大厦开始晃动起来。

对于广告,这是最好的时代也是最坏的时代。"最好"是说它从没有如此多样的媒介选择与表现手段;从"最坏"看,是说广告的传播效果从没有像今天这样变得游移不定、软弱无力,传播效果的"弱效果论"似乎要再次占据上风。大势之下,公关崛起。总而言之,广告与公关的差别,或者说二者的互补性体现在以下五个方面。

广告是硬性的,公关是软性的。一线市场营销人员习惯将商品广而告之的信息称之为"硬广",而把用新闻形式包裹的广告内容唤作"软文",软文即一种公关稿件。"硬广"不是"广告"的同义反复,它揭示了广告信息直接、具体、紧凑、明确的特点,偏重理性;公关则乐意成为人们文体、慈善、教育、环保等话题对象,诉诸感受。

广告的诉求直接,公关的诉求间接。不管使用何种表现策略,广告总是目的明确:劝服消费者、促进销售、推出新品、满足需求、与竞争者商战;而公关则关注组织美誉度、品牌形象、社会影响力等较为抽象的议题,实际的经济效益获得只是其中一个环节,因为诉求的间接与宏大公关作业非得有公信力、持续性。

广告的话语主体是广告商,公关的话语力量来自第三方。广告商是广告声音的发送者,其表现与传达更多地体现着广告商的意愿与要求,消费者的力量相对处于劣势;而公关要求站在中立、客观的第三方讲话,平衡、协调社会组织与其公众之间的关系,当然也包括广告商与消费者之间的关系。

广告是个体的,公关是整体的。即便发动广告战役,广告也只是单一传播样态的应用。公关运作需要广告支援,但广告只是其中的一分子,公关是多种传播样态的整合使用。从思维取向上看,广告关注个案运作,公关偏向宏观把握。

广告是利己的，公关是互利的。广告是为着广告商的利益来运作的，一切以广告商的利益为出发点与归宿点。公关则强调利己利人，即双向沟通、精诚合作、共同利益的增进。

正是缘于公关对广告的互补性，因而二者的关系才走得如此亲密。公关在客观效果上，以其特有的功能与价值弥补了广告在劝服消费者上的乏力，同时彰显了自身的主体价值。

第二章 新闻故事化、美学价值与机器写作

第一节 新闻报道：讲故事的可能

美国学者卡莱说新闻学是一门经过严格训练的叙述艺术，由威廉·布隆代尔所著的 The Art and Craft of Feature Writing 一书中译本的译名直接改为《〈华尔街日报〉是如何讲故事的》。在实务界，CBS 著名的电视栏目《六十分钟》的制片人唐·休伊特在谈到成功秘诀时说，"给我一个好故事"，如此简单的要求就足以成就电视节目史上的一段传奇。这种讲故事的风潮也在国内蔓延，江西卫视金飞主持的《传奇故事》、辽宁卫视的《王刚讲故事》、吉林卫视 2009 年倾力打造的《牛群冒号》，以及陕西卫视《华夏点击》的转型都是将新闻故事化的代表。新闻报道的故事化转向就此成为一种风潮。

但是，新闻与故事的不同也显而易见。故事世代相传，是人类基本的文化生活方式，具有较强的伦理与寓言意义，很多故事也是文化心理原型的不断重复；新闻的生命力在于真实，这点对于故事而言并不紧要，它致力于信息不确定性降低的同时，并不对教化与展现人们生活姿态负有必然责任。这些因素其实都给新闻报道的故事化留下了先在障碍。新闻故事化的基本诉求是为了寻求一种更好的表达，以此来抗争现有报道的无趣性、模式化、僵硬感，那么，讲故事如何成为可能？这样的表述是理论的演进还是有名无实的口号，在可能与不可能

之间必要的张力又怎样存在？

一 传播观念的迁延

故事，是每个人都要分享的记忆与经验，古今中外概莫能外。我们一方面在倾听故事中长大；一方面也在不断地向别人讲述故事，即便这样的故事已经反复言说。"故事总是从这暧昧的第一天开始，一个年长的穴居人讲了一个故事，讲的是……听过故事以后，穴居人心里暖和起来，明天的艰辛和困苦变得可以承受了"①。由此故事成为一个族群的寻根之旅以及认同感的传递，海德格尔说"语言是人类诗意的栖居"，其实进一步说，我们是透过故事存在的。

今天的新闻当然是明天的历史，但也仅仅是历史草稿。新闻是易碎品，而故事则非得经过岁月的积淀才能流传下来，如此的重任，在技术上是一种信息的新闻又何以能够承担。诚然，我们还可以说另一个视角中的新闻关注的是人的生存姿态，但是目光所及之处能够作为故事去反复叙说的新闻又有多少？

在一个更为纵深的历史背景中，新闻报道要讲述一个好故事的诉求或许更易理解。早期的传播学学者们喜欢用"皮下注射"和受众在新闻"魔弹"前应声倒地这样的隐喻来表现新闻传播的威力。传统的新闻报道致力于客观、公正，虽然也有过对新闻中是否要出现记者观点有过争论，但是随着大众报刊的兴起、通讯社的出现、新闻信息本质的确认，以及一种至今仍被视为经典写作结构——倒金字塔模式的普遍运用，人们相信，新闻与道德哲学没有直接联系，真实的简单机械组合看起来顺理成章。但是大众社会降临后催生的市场新闻学使得新闻专业主义传统发生了嬗变，新闻开始以讨好而不是灌注意义的传播姿态应对受众。鼓吹新闻学与煽情新闻学也作为历史暗流的记忆重新被激活，前者视受众为幼童而后者视受众为消费者，新闻的故事化

---

① 刘小枫：《沉重的肉身》，华夏出版社2007年版。

倾向就是为了争夺人们日渐稀缺的注意力。

新闻报道样态与传播观念的迁延有着深刻的社会经济文化结构根源，并不是其个体演进所能简单阐述的。比如近代中国不断被列强逼至墙角的境遇下，新闻报道中出现了跟多唤醒集体记忆重构国族想象的故事，就与特定的语境有关。

新闻报道同样也是意识形态主宰下的产物。阿尔都塞把意识形态定义为"个人同他所存在其中的现实环境的想象性关系的再现"，就是说个体尽管自以为非常自由，能够独立把握概括现实，但实际上他的观念与行动是被一系列思想观念与再生产体系所召唤，话语的讲述者在一定意义上只是意识形态的代言人。国内记者在新闻报道中，面对会议报道、典型人物刻画、场面描写出现相似的表述方式就是意识形态和新闻组织共同规训的结果。"新华体""北广腔"都是特定历史时空形塑新闻文本留下的写作、播音文本，这种高抽绎的、充满战斗气味的、不容置疑的、建构权威的调门反映在新闻中就是"拽大词""高八度""排比句"的大量使用，"金秋十月，丹桂飘香，天南地北祥和欢乐，华夏儿女喜庆佳节。北京各大公园彩旗飞舞，花团锦簇，宫灯高挂，人流熙攘，充满了喜庆祥和的节日氛围……"，有经验的阅读者对于类似表述再熟悉不过了。

一种报道样态一旦形成就会有自身展开的逻辑，并且在实际中充满着惯性，竞相模仿复制随之而起，社会空间中的太多细节与真实不能被书写与传播，新闻之所以为新闻的根基就会受到侵蚀。中国传媒体制两重性的确认其实给新闻报道多样化打开了缺口，在坚持党性的同时，受众党性的需求需要认真对待。孙玉胜在《十年——从改变电视的语态开始》中说，电视是家庭媒体，是家庭的一员，家庭生活的一部分，家庭成员之间的关系就决定着媒体的语言不是居高临下的、说教式的，而是平等的、坦诚的、情感交流的。在这一历史脉络中，传播主题在不断变动的现实面前由传播者本位向受众本位转化，受众地位在强势的媒体面前得以提高，受众的需要成为媒介关注的焦点。

新闻报道在自身新陈代谢的同时解构着既有模式,从传播偏向上来说,既然人们熟悉故事的言说方式,新闻报道又何乐而不为。

二 作为故事的新闻

故事与人的亲密关系早已使二者相融合,任何概念与界定可能都不能满足我们的想象与期待。《辞海》里该词与本文相近的意义有两种:第一,它是叙事性文学作品中不可或缺的要素,是按时间顺序排列的事件的叙述。故事与重在叙述事件关系的情节有所不同,但多是情节的基础;第二,它是文学体裁的一种。侧重于事件过程的描述,强调情节的生动性和连贯性。较适于口头讲述,通俗易懂。

与神话、电影、小说、戏剧等文本一样,故事也是一种叙事性质的产品,只有通过某种叙事结构与内容,人们所知晓的时间才被呈现和认知。如果新闻被理解为新近发生事实的报道的话,它其实也是另外一种形式的叙事,当然新闻中也有大量非叙事文本的存在,但在媒介商业化与娱乐化的浪潮下,更多新闻叙事文本不断涌现,新闻就此取得了与故事类似的结构。

新闻与故事的亲和需要从叙事结构上予以探讨,一般说来,完整的叙事结构包括开端、发展、高潮与结束这样一个意义链。故事由处于序列关系的事件构成,在这一点上这与多数非事件性新闻不一致。所谓序列,必须包含两个以上符合逻辑的事件:一个事件建立着叙事的情景和前提,另一个事件则显示前提或情景的改变。在故事中,由核心事件做骨架,并由卫星事件作为血肉;前者不能改动、打乱或者替换,后者则可省略、分散或更迭。[①] 但是实际讲述故事的方式要灵活得多。

新闻当然不一定要具备如故事那样完整的结构,就事件性新闻而言,它可能只涉及一系列事件中的某一部分或某一段落,开始与

---

① 蔡琰、臧国仁:《新闻叙事结构:再现故事的理论分析》,《新闻学研究》2000年第58期。

结果的展现也不明显，这最为明显的表现就是充斥报纸一定版面的追踪报道或后续报道。由于新闻截稿时间的要求，新闻故事意义的建立也不可能一次完成。但是近年来随着一些新闻调查栏目的创办，以及民生类新闻栏目的热播，追求一个完整结构的事件性新闻愈来愈多。

俄国文学家普罗普在《民间故事的形态学》中将故事的基本特征概括为"寻找"，矛盾的发生与解决围绕此来展开。类似的是，在大量的社会新闻、犯罪新闻以及人物报道中也往往采用"旧瓶装新酒"的模式，秩序的破坏及重建构成了新闻基本的报道模式，人物、时空转换不同但基本情节结构则大致相当。在刻板印象中，记者每天都会接触新鲜的人与物，但是在他们本身看来，并没有多大的新奇性。另外，故事之所以成为故事是其价值在起作用，而新闻之所以成为新闻也有其价值因素，二者的价值范围其实有很大的重叠，特别是近年来随着新闻与广告的互相渗透，新闻广告化成为一个明显的表征，而新闻广告化主要表现在新闻价值追求上的戏剧化，内容作业上的惊骇化，与故事的传奇特点是相吻合的。

荷兰学者梵·迪克曾对新闻与故事的关联有更为精彩的论述，他总结了二者在六个方面的同一性，新闻与故事都与人类认知的行为关联；内容常显得出乎意料且与过去所知不同；都影响受众并传播特定的社会意义与价值观念；都有特定写作结构；二者叙述视角都较为多样；与对话形式比较，讲述者都更占优势。[①]

三 替代性表达方式

新闻故事化是改变报道僵化与无趣的一种努力。曾经在新华社做过记者的李希光教授认为，讲故事的新闻学是一种突出描述艺术的写作风格，强调文学描述对感官的刺激。

[①] 托伊恩·A.梵·迪克：《作为话语的新闻》，曾庆香译，华夏出版社2003年版。

第二章　新闻故事化、美学价值与机器写作

文学追求审美而新闻立意真实，二者从核心本质而言区别明显，但是在新闻报道实践中，文学与新闻边缘交叉性的文体是一个庞大的类别，这种文体中国称之为报告文学，美国则命名为非虚构小说，2009年普利策新闻奖的非小说奖项就颁给了美国废奴后黑人仍然遭受歧视现象的报道。20世纪60年代，美国兴起的新新闻主义其实就是一股追求新闻报道多样化的浪潮。

当代中国新闻报道脱胎于古代文学，新中国成立后长时间又受到政治话语与公文话语的宰制，20世纪80年代报告文学的春天其实是人们追求新闻报道的鲜活性的反映。新闻报道倒向文学虚构当然会引发严重的媒介危机，但是这并不能妨碍新闻在恪守真实、客观的前提下追求一种审美效应，新闻报道的故事化就是新闻审美路径。

并且，过度强调原教旨的新闻观会演化为记者在采访、报道中推卸努力、搪塞怠工的托词。"有闻笔录"就曾经在中国新闻史上贻害不浅。盖伊·塔奇曼教授就曾经从社会学视角入手发现，新闻生产本身是遵从各种日常惯例的过程[1]，记者的报道类似于紧密配合的流水线，试想如此报道出来的新闻如何满足人文关怀的期待。

新闻报道的故事化处在不断蔓延中。央视著名的电视新闻杂志《东方时空》就有一个"讲述老百姓自己故事"的栏目《百姓故事》。[2] 立志成为中国版的"六十分钟"的《新闻调查》，以及以舆论监督建立影响力的《焦点访谈》很多时候也都是在用一个个故事诠释"用事实说话"的力量。在国内三份著名的财经类报纸《21世纪经济报道》《经济观察报》《中国经营报》上，致力于把复杂的财经理论简单化，讲出一个个好听故事的操作已经成为一种成功经验。业内人士曾有"如果不知道怎样写新闻，那就写一个好故事"的形象表述。

体育类报刊一直是国内新闻报道方式最为活跃的试验地。既然在

---

[1] 盖伊·塔奇曼：《做新闻》，麻争旗、刘笑盈、徐扬译，华夏出版社2008年版。
[2] 孙玉胜：《十年——从改变电视的语态开始》，生活·读书·新知三联书店2003年版。

赛事过程即时形象化上远逊于广播电视，一个个引人入胜的新闻故事就成为报纸亮点并逐渐开始向杂志写作靠近和过渡。至于国内情感类杂志翘楚《知音》《家庭》更是将一个个新闻故事做足了功夫。因为，好的新闻故事可以将媒介与读者连接起来，通过新闻故事所再现的人生百态，读者的情感与伦理意义得以建构。

瓦尔特·本雅明不无遗憾地指出，"新闻报道的价值无法超越新闻之所以为新闻的那一刻。它只存在于那一刻，即刻向它证明自己的存在"[①]。而新闻人似乎并不甘心于此，他们试图用"故事化"发展出更为理想的表达可能，故事是耗散不尽的，它保留集中起自己的力量，即使在漫长的时间之后还能释放出来。但是，把新闻直接与故事画等号并不恰当。大量的非事件性新闻报道中，序列性事件组成的故事形态并不多见。在更高的意义上而言，故事所提供的道德伦理意义并不是新闻所能完全承担的，新闻很大程度上预设的是一个封闭的结构。进而言之，在跨越了不同文体限制的藩篱后，一种更为开放的新闻报道观才显得更加具有意义。

第二节　新闻作品的美学价值

把新闻与"美"联系起来是颇费思量的，因为对于新闻，人们要么关注的是其准确与清晰的信息符号性特点，要么功利性地要求实际有用性的显现，世所公认的传媒所具有的监视环境、整合社会、传承文化与提供娱乐四大功能，里面是没有"美"的痕迹。美与文学及艺术有着天然的亲近性，美学的范畴与新闻的范畴是具有一定距离的。

马克思在《1844年经济学—哲学手稿》中说"人是按照美的规律生产的"。新闻的生产性是毋庸置疑的，它是人们遵循一定规律为了特殊目的所进行的社会活动。抛开哲学的睿思来看，人们做任何事都

[①] 瓦尔特·本雅明：《本雅明文选》，陈永国、马海良译，中国社会科学出版社1999年版。

是既要"干得好"又要"干得漂亮"。此"漂亮"即为一种"美"的要求。美既有其本体，报道世界的新闻同样有不以人的意愿为转移的"美"与"丑"的分野；美也是一种审视的客体，人们对于不同新闻也有不同时代的审美取向；美还是一种实践主体，我们常说"文如其人"，记者发现不了世间之"美"自然也就难以感动读者。

人们经常把"真、善、美"连在一起说，这反映了三者之间的紧密关联。在关于"美"的不可计数的话题分类中，真、善与美有时候并不统一。比如我们说一部小说是独特的审美对象，它能够给人以美感，但这个"美"并不取决于作品是否"真"，有时甚至相反，"美"恰恰来自于小说的"假定性"，其中的人物、空间、情节与事件都是虚构的，但我们又的确不能怀疑作者的真诚，它是一种逻辑与艺术的真实；"真"与"善"的不相匹配相对更易理解，有时"真"本身就是一种善，特别是在某些特殊的历史时期，假话成风、真话稀缺让人们噤若寒蝉，有了"真"就有了"善"，然而"真"的就是"善"的吗？或者反过来说，"善"的就是"真"的吗？都不一定，我们有时给孩子说"一个美丽的谎言"可为例证；"善"与"美"有时也没有关联，有些惊天动地的善举你可以被其精神所慑服，但不一定欣赏其外形。神话世界里那些心如蛇蝎的美女你并不能否认她们的形象之美。以至于到了今天，当有人急匆匆地喊出：美就是生产力的时候，其已经在相当一部分人心目中变成了一个与道德无关的事情，美是自足的。

但人们必须遗憾地承认，真善美在许多地方的各自独立是事实。然而，我们又的确需要这个"神话"来维系人类的基本价值信仰。唯有说到新闻，真善美才实现了统一，并且要达至新闻之美，真与善是基础，先有真、再有善、而后美，一步一步，递进而上。

新闻的生命力在于真实，所有的事实都是有据可查并能验证的，新闻的"真"是其他形式的"美"所不要求或没有的。"真"是新闻大厦的基石，是新闻的原教旨，新闻之所以能够成为人类社会的有效

文化传播的媒介景观

组成部分，皆源于其关注真相与事实的本质要求。没有了"真"的新闻就不称其为新闻，有了"真"的新闻才会有面对各种非议与绞杀的底气。如果说读者有对新闻的不满的话，这个不满首先就来自于新闻的"不真"。

新闻是真的，但并不妨碍新闻都是有立场的，这里当然有立场的隐与显；也不妨碍新闻是一种意识形态，这里当然也有意识形态显现的强与弱。这些就是价值观的问题，就是对"善"的取向不同。中国媒体惯于正面报道，西方媒体常常批判政府，这就是不同的立场，不同的"善"。我们正处于快速发展时期，我们的媒体是党的媒体，就必须发挥一种团结鼓舞的效果，这就是一种"善"。无论肯定式的或是否定式的报道都是以"真"为前提的，也无论它们的姿态如何，都是一种关注、一种责任、一种爱。

有了"真"，有了"善"，新闻才有可能造就"美"，"真"与"善"是美的根基。不"美"的新闻未必没有"真"与"善"，但"美"的新闻肯定是"真"与"善"的。记者同样如此，一个有了"真"与"善"的记者才有可能造就"美"新闻，它们之间分不开。

美学大家李泽厚先生说，我曾经把自然界本身的规律叫作"真"，把人类实践主体的根本性质叫作"善"。当人们的主观目的按照客观规律去实践，得到预期效果的时候，主体善的目的性与客观规律的真的规律性就交汇融合起来。真与善、合规律性与合目的性的这种统一，就是美的本质。

抛开普遍的新闻美学讨论，就一篇新闻作品来说，它的"美"当然也是饶有兴趣的话题。记者在采访过程中被采访对象感动，在写作过程中被自己的书写感动，读者看到一篇感人至深的典型报道感动落泪，这些"感动"之中就蕴藏着深深的美学意蕴。由一篇篇作品所组成的新闻版面上，也有"美"与"不美"的差别，符合图文匹配的、点线面组合的、读者阅读习惯的就显得"更美"，也就更加有品位，当然不一定更有市场。这个复杂的问题暂时不在本篇的讨论范围之内。

人类发明一系列二元观念来审视世界，比如事物都可以分为内在与外在，语言可以分为所指与能指，信息则分为符号与载具，按照这种思路，新闻作品的美学构成当然也就可以分为内容美、形式美，以及由内容与形式综合而成的风格美。

内容美关注的是新闻作品的内在，是新闻内在因素的总和。主题与材料构成了内容美的两个主要方面。主题就是作品的立意、取向、所要表达的主要观念。新闻的事实相对来说是恒定不变的，但作品的主题却需要随着时代的氛围进行不断的调整。比如，每年三月的"学雷锋"活动，我们已经报道了几十年，但不同时代"学雷锋"的主题是在变化的，人们从其中发掘出的潜能也是不一样的，这就是内容美降生的地方。"美"很大程度上来自于陌生感，太常见的东西激发不了人们的美感，太新奇的东西人们不见得能够接受，主题的"美"就是介乎于新与旧之间的东西。还比如我们经常讲的党建方面的报道，规定动作每隔一个时间段就会重演，内容美就必须顶住不断出现的新方式、新创造。我们是党的媒体，就主题来说是确定在一定范围内来翻新的；我们也有主流的观念与文化，主题也不可能跳脱这个范围来演绎。在有限的范围内发挥主动性，开掘新意，"老话"不断有新的表达方式，这才有可能实现内容美。内容美的另一个主要方面与材料有关，这就好比说我们在摄影过程中的"取景"与"构图"一样，事实与对象确定无疑，但拍摄成的相片就言人人殊了。材料选择要精当、要有细节、要能凸显主题而不是对主题造成消解、涣散，要舍得删减那些与主题无关的材料，只有这样新闻作品的内容美才能予以成就。

形式美是外在的，古希腊的毕达哥拉斯学派发现的"黄金分割"就是完全外在的形式美。这也显示了形式之于"美"的重要性。结构与节奏是形式美的两个主要影响因子。文章的结构就好比一幢建筑，它是在作者开始动笔之前就完成的框架设计，结构有很多种选择。同样是写字楼，其设计就呈现出千变万化的可能，但是无论怎样的间架结构都是以

33

文化传播的媒介景观

满足使用功能为基本要求的。可以有总分的结构、分总的结构、总分总的结构、并列的结构、时间线索的结构、空间线索的结构，好的结构能使新闻作品的各种材料各得其所，凸显主题。理论上，某一特定对象只有适合其内容的一种形式。写作中，有些作品感觉难以入手或者左支右绌，很大的原因就是没有找到合适的结构来填充材料，记者自己都难以驾驭的结构，写出的作品又怎么可能去感动读者。节奏是形式美的另一个命门，理想的状态是该快的地方快、该慢的地方慢；该跳跃的地方跳跃、该爬梳的地方爬梳；该粗疏的地方粗疏、该细密的地方细密；该宏阔的地方宏阔、该聚焦的地方聚焦；该浅表的地方浅表，该深刻的地方深刻，得失之妙全在记者一心之间。文章节奏加快的地方是为了增强张力，文章书写放缓的部分就是为了拉长审美感受，如此新闻作品方才能有立体通透、错落有致的空间形式美感。

没有无形式的内容，也没有无内容的形式。内容决定形式、形式依赖于内容。形式与内容的综合就是风格，风格美就是说新闻作品形成了一种独特的美学风格。在新闻作品中，有些构成既是内容也是形式，最为典型的就是语言，语言本身就是内容与形式的综合，所以需要放在一个更为宏阔的视角上来看待。晚唐诗人司空图在其《诗品》中把诗歌的艺术风格分为雄浑、冲淡、纤秾、沉着、高古、典雅、洗练、劲健、绮丽、自然、含蓄、豪放、精神、缜密、疏野、清奇、委曲、实境、悲慨、形容、超诣、飘逸、旷达、流动 24 个品类。新闻属于社会科学，新闻作品更偏向于一种应用文写作，它的风格美类型就断不会有诗歌如此变化万千，但探索不同作品的风格美永远是未竟的事业，它召唤着有追求的记者们不断向前。近现代著名记者中，梁启超"新民体"的如椽巨笔，萧楚女"字夹风雷，声成金石"的慷慨文字，恽代英的"声入心通"的热血篇章，邹韬奋的"尽忠代谋"的激情写作，穆青"勿忘人民"的深情书写都为我们树立起独特的风格之美。

新闻作品的美学价值何在？按照文化诗学的看法，理想状态的新闻作品就应该是一首诗，诗是语言的净化、是最美的语言，好的文化养分总是能滋养人、感染人、净化人、提升人，新闻作品的美学价值同样在此。

第三节 机器写作与新闻报道革命

自20世纪中叶人工智能概念提出，其技术的研究与运用取得了快速发展，产生了全方位影响，随着与大数据、云计算与物联网技术的进一步融合，人工智能更是展现出了直观的革新效应。通过对人的意识、思维的信息过程的模拟，在作曲、绘画、诗歌与小说创作领域均能看到人工智能作用的影响[1]，近两年来，机器新闻写作的出现重构了关于新闻生产的想象。

一 机器新闻采访与机器新闻编辑

依托接入互联网的计算机引发的新闻生产领域的变革出现于20世纪末，这个被称为计算机辅助新闻学的领域涵盖了计算机辅助报道、计算机辅助参考、计算机辅助研究与计算机辅助聚会等子领域[2]，尽管可以说新闻从业者在使用计算机的过程中同时为其所改变，但以后见之明视之，彼时的计算机及互联网更多是以工具性存在革新并丰富了新闻生产的手段和方式，具有明显的工具客体色彩。

计算机辅助新闻学再造了采访活动，传统上更多需要面对面或者难以充分展开的通过中介来完成的采访有了多样化和便利性的沟通管道，背景资料的添加不再只是依靠手工翻阅资料或者大脑记忆来实现，延续着实证主义精神所倡导下的精确新闻采访活动则在机器的助力下进一步提高了精确性，采访对象也随之无限扩大。得益于计算机辅助

---

[1] 杨守森：《人工智能与文艺创作》，《河南社会科学》2011年第19卷第1期。
[2] 卜卫：《计算机辅助新闻报道：信息时代记者培训的重要课程》，《新闻与传播研究》1998年第1期。

文化传播的媒介景观

采访所占有的资源无限延展，新闻工作者与采访对象呈现出精耕细作式的高频互动。与此同时，传统的编辑理念部分消解，新的编辑理念嬗变生成。

"把关人"研究将有关新闻编辑的所谓客观标准引向了主观领域，需经层层筛选的新闻编辑活动也受制于处于不同位置的编辑个体的价值判断的取舍。所谓的计算机辅助编辑就是新闻工作者通过机器将编辑理念与想象性受众联系对接起来的过程及结果，机器的辅助工具性角色功能显而易见。

技术一般被认为具有中立的工具特质，可以尽可能大地摆脱来自文化传统、社会结构、意识形态与个体心理的影响，如果说新闻生产的机器化有一个程度层次的阶梯差序的话，那么计算机辅助新闻学、半自动的新闻生产与完全自动的新闻生产就构成了这个谱系上的基本演化脉络。互联网2.0时代之后，传统意义把关人的作用被消解和重构，新闻生产愈加变成由传者和受者共同磋商决定的过程，在这个过渡阶段掘客新闻和谷歌新闻是其中典型的半自动新闻生产者。

掘客新闻以用户对新闻的收藏推荐量为依据实现对新闻次序的排列，减轻了新闻编辑室里把关人闭门造车的色彩，它所发起的大众发掘新闻的运动正是经由机器半自动所完成的新闻生产。谷歌新闻是"一个由计算机生成的新闻网站，它汇集了来自中国大陆超过1000多个中文新闻源的新闻资源，并将相似的报道组合在一起，根据读者的个人喜好进行显示"。起源于美国的掘客新闻和退出内地的谷歌新闻其实在实际的影响力上都有所欠缺，从互联网到移动互联网再到智能互联网，从PC端到移动端的新闻生产表现出了更为多样的模式。专业人士生产内容（PGC模式）、用户生产内容（UGC模式）与算法生产内容（AAC模式）是常见的三种新闻生产模式，也是一个机器新闻生产的自动化和个性化程度不断加深的过程。

身处众媒时代，信息过载是人们的普遍体验，面对日益逼仄的新闻信息挤压，提纯、精练、简写并迅速吸收有效信息成为新闻接受过程中的一个明显需求，通过记录使用者的媒介接触偏好，以及基于位置的（LBS）信息服务进行个性化信息的推送成为普遍化的移动互联网新闻生产策略，这为用户提供了"同中有异、异中有同"的体验。然而，即便如此，大块头的文章依然对阅读者构成了挑战。17岁的英国少年尼克·阿洛伊西奥开发于2010年的移动新闻应用Summly之所以能被雅虎以3000万美元收购，就在于这款应用所具有的提炼浓缩功能。Summly利用自然语义算法，可将新闻内容提炼为不足400词的摘要文章，提供"新闻速食"。前端的新闻生产有机器辅助，后端的新闻接收同样也有机器辅助，Summly移动应用所发挥的作用其实就是预读和筛选功能，享受新闻等文稿的摘要原先只是古今中外的领导人才会享受的权利，现在则向每一个人敞开了大门，这正是技术推动下的平权运动的结果。

二 机器新闻写作的可能性

2015年11月7日，新华社新闻写作机器人"快笔小新"投入使用，该社为此申报了《一种面向短新闻的机器写稿方法与装置》《基于模板自动生成新闻的系统和方法》两项专利；此前的9月11日，腾讯推出新闻写作机器人Dreamwriter，最早出现于美国的机器新闻写作夹持技术推动逐渐成为全球现象，对此脉络可简明归列如下表：

表2-1 机器新闻写作的不同类型（本表根据网络信息整理而成）

时间	写作机器	媒体	开发者	主要功能	表现
2010年	Narrative Science	福布斯	Kris Hammond & Larry Birnbaumn	体育新闻、财经新闻报道	每30秒一篇报道
2014年3月	Quakebot	洛杉矶时报	Ken Schwencke	长于社会突发新闻	3分钟完成发稿
2014年7月	Wordsmith	美联社	AutomatedInsights	长于企业财务报道	每季度三四千篇
2015年9月	Dreamwriter	腾讯	腾讯财经	财经报道	1分钟内写作送达
2015年11月	快笔小新	新华社	新华社技术局	中英文体育与财经新闻	视情3秒或1分钟

文化传播的媒介景观

以目前机器新闻写作的报道对象而言,以财经新闻、体育新闻与突发社会新闻三种类型为主;以文体选择而言,全部是"特定时空中的一事一报"的消息,可归之为"纯新闻"(Straight News Report),这类新闻是经典意义上的纯粹事实的客观性报道,价值渗透与意义凸显的意图减小到了最低程度,是最为典型的"信息",也是受意识形态和政治影响较小的报道领域;从写作结构上看,新闻五要素齐备而明晰,让人一目了然;而从写作难易度而言,目前由机器完成的作品是难度最小的一类新闻文体,写作时间大为缩减,美联社曾安排真人记者与机器写作进行比试,Wordsmith 2 分钟完成的稿件,真人则要花 7 分钟。2014 年 3 月 17 日凌晨 6 时 25 分,洛杉矶遭遇地震冲击,报道该突发事件的第一条新闻 3 分钟后就出现在《洛杉矶时报》的网站上,而写作机器正是该报的 Quakebot。① 腾讯 Dreamwriter 完成发布的首篇稿件《8 月 CPI 同比上涨 2.0% 创 12 个月新高》发布于 2015 年 9 月 10 日星期四的上午 9 时 30 分,900 余字,限于篇幅问题,此处仅摘录其导语内容,"国家统计局周四公布数据显示,8 月 CPI 同比上涨 2.0%,涨幅比 7 月的 1.6% 略有扩大,但高于预期值 1.9%,并创 12 个月新高",这些典型机器新闻写作的作品都是纯事实的硬新闻。

机器新闻写作并不是机器本身在写作,而是依托于大数据分析技术所带来的算法革命,表 2-1 中所梳理出的五种机器新闻写作从外在形态而言是五种不同的计算程序,不同维度下又可以划分为不同的类型,以应用面而言分为普泛型和专业型两种;以研发者而言可分为外脑型与自主型两种。Narrative Science 最早是在美国西北大学开展的一个科研项目,其产品前身为 Stats Monkey,它在有关棒球比赛报道中小试身手后突破写作文体领域迅速迭代,Narrative Science 在其官网被定位为"故事化是大数据及其分析的最后一里"(Storytelling is the Last Milein Big Data and Analytics),它为包括万事达在内的众多商业投资机

---

① 金兼斌:《机器新闻写作:一场正在发生的革命》,《新闻与写作》2014 年第 9 期。

构提供数据分析和研究报告，《福布斯》杂志只是其中媒体类型用户。美联社所采用的 Wordsmith 大抵也属于这一情况。与普泛型和外脑型的机器新闻写作相比，其他三种机器新闻写作都属于由媒体自主研发的专业型机器新闻写作，所应用的领域具体而明确。

从机器新闻写作的流程而言，新华社的"快笔小新"通过数据采集、数据加工、自动写稿、编辑签发四环节实现，美联社的 Wordsmith 的新闻写作流程则分为五个环节即获取数据、分析数据、提炼观点、结构和格式的安排与最后的出版，无论是四环节还是五环节都可归结为数据采集分析、稿件生成与签发出版的"三步走"，这是对记者新闻写作流程的模拟，也由写作内在规律性所规定，过渡到了通过机器而不是简单的借助机器来实现，具有明显的弱人工智能特质。

未来的五年"1/3 的知识型工作者将被智能设备和系统替代"①，机器新闻写作的应用显然在推进着这一趋势的到来。Dreamwriter 在国家统计局数字公布后一分钟内就完成了稿件写作和发布。Narrative Science 的开发者相信到 2030 年，90% 的新闻都可以由机器人撰写。② 研发者们甚至做出了未来要让机器新闻写作的报道获得普利策新闻奖的乐观估计。技术上的乐观在保守主义者那里的感受恰好相反，冷静的旁观者则认为就机器新闻写作特质而言其在即时性、表层化与模板式的消息文体中具有优势，而在有关生活世界的中观与宏观的深度报道、特稿写作与言论写作中，记者的价值不可被替代，并进一步凸显了价值，把记者从常规化、琐屑化与程式化的选题操作中解放出来与机器新闻写作的类型偏好之间构成了相互支撑的文体结构，有利于记者创造性才能的发挥，这也是机器新闻写作最为动人的影响叙事。

三 技术进步与新闻生产

机器新闻写作给新闻生产领域带来的恐慌并不是杞人忧天，作为

---

① 这段话来自 2015 年 6 月上海电视节举办期间凤凰全媒体研究院成立仪式上的嘉宾发言。
② 张学元：《新闻撰写机器人：媒体圈的新宠》，雷锋网，2014 年 7 月 2 日。

文化传播的媒介景观

人工智能技术的具体应用，机器新闻写作本身具有较强的自我修正与学习能力，发展初期阶段机器新闻写作的中的"粗糙"问题与"幼稚"问题随着技术迭代会被解决，这意味着新闻生产领域中非核心、次要岗位的价值进一步被其所稀释，记者们的工作尽管可以向具有创造性的方向发展，但常规工作岗位的数量减少是大势所趋。

传统观念认为权力驯化与科层制的行政体系影响着新闻生产过程，而技术的权重日下则在进一步凸显。技术本身看似没有价值偏向，保持冷峻中立的态度与置身事外的立场，具有强烈的工具理性色彩，但是如果确认新闻本身是人文价值打底的社会科学的话，由机器新闻写作带来的技术与文明交锋不得不引人深思。

新技术使用的"鲶鱼效应"催生了市场需求和生态重组，从既定经济结构中走出的个体可以在新的生产关系中重新找到自己的位置，转型阶段的阵痛却是切身感受。19世纪初发生在英国的卢德运动中失业工人发起捣毁破坏机器行动，就是因为新技术和新机器的使用被认为是让他们生活陷入窘境的原因。[1] 类似的现象在历史上屡见不鲜。机器新闻写作是工具理性的再一次胜利，技术的进步让人愈加不再以直接的方式面对世界，而是经由媒介与世界互动成为人的延伸，"媒介即信息"言犹在耳，媒介不单是信息的载体，更是一种塑造与尺度。新技术的使用影响着新闻生产也形塑着泛化意义上的媒介生态。

写作从来都被认为是人的事情，以剧场景观而言，写作本身具有强烈的文化表演意味，它是青灯孤影、汪洋恣肆、捻须沉思。在回答"为什么写作"这一问题时巴金说"我想用文字来改变我们的生活，改变我们的环境，改变我们的精神世界"，写作同样为卡西尔"人是符号的动物"的命题提供了生动的注解。写作是人的精神创造活动是先验而不证自明的，写作的权力从来都是为人所独占，写作本质上就

---

[1] 尼丹·卡瓦拉罗：《文化理论关键词》，张卫东等译，江苏人民出版社2006年版，第205—206页。

是人的生存姿态、主体实践与精神际遇，包括新闻写作在内的一切写作都是人类创造性的展现，是人之为人的本质存在，然而，机器新闻写作让我们的既有观念发生着动摇。

有关机器新闻写作的影响之问，归根结底是有关人工智能的影响之问，尽管机器写作和智能技术由人所发明创造似乎就理所应当地受人控制和运用，人工智能相对于传统机器的不同之处正是在于其智能化，这种特质在弱人工智能向强人工智能的发展过程中将会进一步凸显。人有人的逻辑，机器有机器的逻辑，机器的逻辑一旦展开并不是在任何程度上都由人的意志所掌控，人的主体性地位面临考验，"人们因崇尚理性而崇尚科学技术，反过来又因崇尚科学技术而加固了理性统治人的机制，表面上看是人控制着技术，但实际上是技术更多地控制着人，使人丧失了内在的灵性"。[1]

凯文·凯利在《必然》中指明了科技新物种12条进化路径，其中居于前两位的是"形成"与"知化"，前者是指"机器将会更新自己，随着时间慢慢改变自己的功能"，后者则意味着"把人工智能置入普通事物之中才能带来真正的颠覆"，机器新闻写作等人工智能技术的运用普及让新闻生产领域及整个媒介生态有如飓风过境，技术进步以愈加权重增持的方式形塑着文化面相。

---

[1] 单波、王冰：《西方媒介生态理论的发展及其理论价值与问题》，《新闻与传播研究》2006年第3期。

第三章 媒介变迁的批判分析

第一节 从"PC端"到"移动端":纸媒数字化的路径迁移

纸媒数字化目前正在经历从"PC端"到"移动端"的路径迁移,前者以电子版与手机报为主要形式,后者依托新闻客户端与自有APP等移动互联媒体。大数据为纸媒数字化提供了技术变数,在这一路径迁移过程中,"内容为王"与"体验为王"是纸媒数字化的主要策略取向。

从1994年中国全面接入互联网算起,中国人的网络生活已经走过了二十余年。互联网不单是一种大众传媒,而且是囊括各种传播模式的超媒体。然而,不容否认的是,大众传媒为互联网兴起提供了最初和最主要的内容资源。互联网同样深刻地改变了大众传媒景观,重置了传受关系、改写了话语形态、再造了新闻生产、扩张了媒介版图,引发了媒介生态剧烈的"鲶鱼效应"。特别就大众传媒的第一形态纸媒而言,它走过了一条或被动或主动的数字化之路,从"PC端"的网络新闻到"移动端"的网络新闻,当今的纸媒形态与其传统已经迥然有别,本节通过勾勒纸媒数字化不同阶段的形态变化对其传播策略取向进行讨论。

在"中国网络媒体的第一个十年"之始[1],《神州学人》《人民日报》与新浪网等或官方或商业化网络媒体通过率先开通"PC端"抢占互联网上的新闻主导权。只要稍微回溯一下新浪、搜狐、网易等门户网站的崛起之路,就会明白纸媒对于网络发展初期的重要性。由于中国新闻体制的性质使然,加之新闻出版总署《新闻记者证管理办法》所规定的"新闻记者证是境内新闻记者从事新闻采编活动的唯一合法证件,新闻采编人员从事新闻采访工作必须持有新闻记者证,并应在新闻采访中主动向采访对象出示"等管理规制,除却人民网、西部网等极少数网站拥有新闻采编权之外,依托纸媒的人力资源,转载纸媒的新闻信息就成为绝大多数网络新闻的必然选择。通过聚合传统三大媒体的新闻信息,网络新闻以海量级数累积。这也导致纸媒在媒介变局中的公信力与影响力衰减,人们阅读方式的改变,线上线下两个舆论场管理尺度的差别都在驱使着纸媒探索着数字化之路。

电子版是纸媒数字化过程中普遍采用的方式及策略。相对于纸媒本身而言,纸媒的电子版具有以成型版式上网、方便读者免费调阅及与纸媒保持同步更新三大特点。以纸媒成型版式上网有接续读者阅报习惯的考量,与纸媒保持同步更新则意图追赶新兴网络媒体的时效性,这一过程之中只有在是否免费上曾经有过短暂拉锯。联系陕西本土的《华商报》来看,其数字化初期的收费阅读模式在一个习惯网络信息免费的市场环境中显然难以获得积极的回应而导致错失发展先机。纸媒的数字版显然是初试网络的纸媒还没有认识到网络传播互动性、个性化、趣味性与重组时空关系的表征。没有数字版,纸媒就落后于时代;有了数字版,纸媒就没有了存在必要:这正是纸媒数字版的两难选择。论者对此开出的猛药则是"撤掉电子版拯救纸媒"[2],但对处于博弈格局中的纸媒来说本身就是一个"囚徒困境":谁先收费谁就把

---

[1] 彭兰:《中国网络媒体的第一个十年》,清华大学出版社2005年版。
[2] 张立伟:《撤掉电子版,拯救纸媒》,《中国记者》2011年第10期。

文化传播的媒介景观

读者推到了对手那里。

纸媒数字化的进化形态是单独建站，以网址标注的单独网页实现跨媒体形态传播。即在观念上是把纸媒网站看作区别于纸媒本身相对独立的媒介形态，电子版只是纸媒网站的一个板块构成，除此之外还要有参照门户网站的架构设计。然而在一个四大门户已经形成垄断竞争的市场环境之中，除人民网等个别主流纸媒的网站之外，绝大多数的纸媒网站只是体现出了网络世界中的"存在感"而难以获得应有的"影响力"。2G 时代纸媒也曾经与移动通信运营商联手推出手机报，试图在时效性、互动性与针对性上有所作为，但囿于技术表现与定价高企终是大气难成，移动互联网时代到来之后即归于无声。至于纸媒假道论坛、社区、博客、电子杂志等网络媒介子形式，仍不免是攀附门户网站或垂直网站之威，数字化之路道阻且长。

"拐点论""波动论"与"衰亡论"是面对"报业的冬天"这一事实的不同形象概括，形势是客观的，判断的差异取决于观察者先验的价值依归，这几种观点的得出，有赖于材料系统把握方式的差异。曾经人们深以为然的观念在技术的推动下正变得风雨飘摇起来，不确定感四处弥散。理论上说，新媒体的出现不以传统媒体的消亡为代价；现实却是先有 146 年历史的美国《西雅图邮报》停刊全部转发电子版，后有 2014 年元月《新闻晚报》成为上海首份停刊报纸。而从整个宏观面来看，2012 年全国报纸总印量为 1630 亿印张，较上年的 1678 亿印张下降 2.86%[①]，最新走上报纸停刊名单的是《京华时报》和《东方早报》，仅从报业一隅就能窥测整个媒介市场的生态变迁。每一次转型都会释放出新的机遇空间，移动互联网通过打通移动通信与互联网两个产业门类，以惊人的技术力量重构了媒介格局，从互联网到移动互联网，纸媒数字化亟须实现从"PC 端"到"移动端"策略取向的迁移。

---

① 张晓燕：《2012 年度全国报纸总印量解析》，《中国报业》2013 年第 9 期。

大数据时代的到来给纸媒的"移动端"提供了不同于"PC端"的技术变数，媒介融合趋势进一步加强。技术的快速发展让源于不同主体的数据资源每时每刻以几何倍数产生，通过云存储与云计算，大数据打通了结构化与非结构化的数据资源，把文字、图片、视频等不同格式的数据资源纳入统一的工具进行分析，由此人们获得了关于生活其中的世界更为全面与深刻的真相，而每一个互联网的接入者的上网方式及诉求偏向在网络世界所留下的痕迹都会沉淀为数据而被捕捉并定位，网络用户的个性化信息需求从而得以充分满足。移动通信技术的发展则让每一部智能手机都成为实现对用户精准定位的方式。结合具体位置和情境的信息传播从而变得更加具有针对性。这为纸媒"移动端"开发提供了机遇，又形成了挑战。

　　"通过研究作为一个整体的传播系统，我们将看到新媒介并不是自发地和独立地产生的——他们从旧媒介的形态变化中逐渐产生。当比较新的传媒形式出现时，比较旧的形式通常不会死亡——它们会继续演进和适应"[1]。大数据时代移动互联网技术的快速发展让包括纸媒在内的传统媒体在数量上的维系不复可能，其赖以维系的质即"公信力"成为不可被剥夺的核心竞争力。主流媒体"是指在媒介文化生产的核心—边缘的文化生产机制的知识视野下，对那种处于'核心'领域的、能起到议程设置作用的媒体的通称"[2]，而主流媒体的地位正是纸媒最为宝贵的传播资本。作为有400多年历史的纸媒来说，其在历史长河中在人们心理上的文化沉淀、与政治关系密切而成为权威声音的首发之地的惯例、白纸黑字所塑造的确定的真实感、经过代际传承与不断训练所涵化的专业精神、以报道真相为基本诉求的新闻理想都是其他媒介不可比拟的优势所在。无论传播形式如何变化，不变的是对于"内容为王"的坚守与信仰。优质的新闻信息永远是一种稀缺产

---

[1] 罗杰·菲德勒：《媒介形态变化：认识新媒介》，明安香译，华夏出版社2000年版。
[2] 齐爱军：《什么是主流媒体?》，《现代传播》2011年第2期。

文化传播的媒介景观

品,在一个海量信息泥沙俱下的网络世界里更是如此。大数据技术提供了报道世界更多的可能性,但报道之所以可能仍然取决于数据挖掘与分析的精细程度与精巧视角,这是任何媒介技术都不能自行完成的工作,这需要专业精神涵化的专业人才的专业技能。

我们要看到,纸媒数字化从"PC端"到"移动端"的转移,仅仅以"内容为王"为标准已经不够全面。人民网研究院所发布《中国媒体移动传播指数报告》中表明:《人民日报》《南方都市报》与《南方周末》位列中国报纸移动传播百强榜前三名。《中国新闻周刊》《三联生活周刊》《创业家》则位列中国杂志移动传播百强榜前三名。[①] 而相比于整个"移动端"市场结构来看,根据速途研究院《2014年5月新闻客户端市场分析报告》,2014年第一季度手机新闻客户端用户规模达到3.78亿,相比于2013年底3.44亿的用户规模显著上升,2014年下半年将达到4亿。[②] 这一数字到了2016年达到了6.5亿左右。腾讯新闻、搜狐新闻、网易新闻、今日头条已经成为移动用户获取新闻资讯的第一选择,它们相对于纸媒"移动端"来说拥有更多用户,而愈加重视用户体验才是这些移动新闻客户端领袖群伦的奥秘所在。

从新闻生产而言,除过以搜狐为代表的PGC(专业人士产生内容)方式之外,以鲜果联播为代表的UGC(用户生产内容)方式与以今日头条为代表的AAC(算法产生内容)在充分应用大数据技术的基础上为用户提供了更为丰富与个性化的新闻信息,这同样值得纸媒予以借鉴。不断优化纸媒"移动端"互动品质,进一步开放评论跟帖空间,实现新闻信息在微博、微信等社交网络的跨平台传播,匹配用户个性化需求的多样体验,把"体验为王"提升到与"内容为王"同样的高度与重要性才有助于实现纸媒"移动端"的转型一跃。

---

① http://it.people.com.cn/n/2014/0612/c1009-25140004.html.
② 可对照参看易观智库的《2013年3月中国新闻客户端下载量监测报告》、艾媒咨询的《2013年中国手机新闻客户端市场研究报告》与北京赛诺的《手机新闻客户端用户研究报告》等研究报告。

第二节 文化、社会与市场：公关庸俗化探因

公共关系的中国命运已入险境。蒙牛"诽谤门事件"让人们看清公关有沦为企业竞争帮凶的可能，《中国青年报》的报道揭露出有网络公关公司竟假冒新华社名义要求网站删帖，《南方周末》记者则卧底网络水军呈现了这样一个不被大众所了解的群体左右舆论趋势的能量。

重重场景之下，中国公共关系的"人格分裂"被进一步放大：一方面，在课堂上、在书本中、在论坛上、在京沪粤一线城市，它被讲授、阐述、研究与实践着；另一方面，在老百姓的日常语义学里、在公交站台招聘月薪数万的男女公关广告上，在求人办事的请托中，在中国广袤的腹地，公关远远没有唤起人们的热情、正视与认同，有时它甚至显得有些暧昧、灰色与无奈。

可以说，公关的命运与它的近亲新闻、广告、行销相比要坎坷得多，它的知识生产与理念传播在中国最大多数的平头百姓心中仍然是功利的、庸俗的。除非是在欧美等西方世界，公关的这种困境在世界多数地方普遍存在，比如在伊斯兰世界、拉美地区、非洲大陆，那么问难接踵而至，兴起于美国传布于西方的公关到底在全球有没有普适性？公关何以庸俗化？中国式公关的真相是什么？

一 现代社会之痛

与私人关系相对，公关是用来调节社会组织之间以及社会组织与个人的一种关系形态，特别是在资本主义兴起之后，公关的首要任务"在找回因都市化而失去的社群感（sense of community），即一种街坊相亲、休戚与共的感觉"。[①] 私人关系形态如果说更多受到传统历史的

[①] 张依依：《公关关系理论的发展与变迁》，安徽人民出版社2007年版，第18页。

文化传播的媒介景观

遗传影响的话，那么公共关系首要依赖的是社会组织本身是否发育健全，社会组织发育不健全会导致公关理论在实践中的走样，致使公关全面异化。

论及公关的兴起，人们会追溯到20世纪20年代的美国，艾维·李、伯恩斯等先贤的一系列开掘。早年做过记者的艾维·李后来帮助石油大王洛克菲勒重建公众形象，而伯恩斯既有发起女性烟民游行的先锋运动，也有公关专著传世，还在大学开设了相关课程，从那以后，二人引领着公关在西方世界风生水起，以至于到了21世纪初，美国营销专家里斯父女出版一部名为《公关第一，广告第二》①的书，一时之间公关似乎迈上了巅峰。

但是，这样的公关叙事既让人激动也让人存疑，因为种子的发芽总是联系着培植它的土壤的，而抽离了社会文化背景、政经分析的单元史到底有多大用处？让人实在没有多少信心。公关在美国的风风火火是与其社会结构密切相关的，没有那样的社会结构，推导不出公关也会在其他国家兴起的结论。

甘冒简化的风险，我们要说这种社会结构就是现代社会结构，没有发育健全的社会结构，公关的兴起就无从谈起，其势必也会走向异化、庸俗化。现代社会结构简单说来是分化与自律的，每一个社会主体都有其运作逻辑与边界范围，"大多数社会的广泛制度领域，即家庭生活、经济政治结构、都市化、现代教育、大众传播和个人主义取向中，产生了一种趋向结构分化的普遍趋势，与此同时，界定和组织这些领域的方式在它们不同的发展阶段则大相径庭，从而引发出了多元的制度模式和意识形态模式"。②传统社会是高度整合的社会，所有的权力都集中在王权，而现代社会是分化的社会，每一机体都是自己

---

① 艾尔·里斯、劳拉·里斯：《公关第一，广告第二》，罗汉、虞琦译，上海人民出版社2004年版。
② 艾森斯塔特：《反思现代性》，旷新年、王爱松译，生活·读书·新知三联书店2006年版，第37页。

的权利主体,这样看的话,如果一个国家和地区没有完成现代性的转型,类似"公关"等现代性后果就无法顺利降生与长成。

从传统上看,由于"大一统"观念的影响,各种权利依附于国家权力的特征在我国非常明显;具体到公关而言,社会依附于国家或者说被国家所吞噬,市民社会得不到充分发育、公共辩论空间无法生成,公民意识无法健康生长,公关的发展就显得左右为难。特别是新中国成立后的前30年,国家权力深入社会生活的方方面面,每一个单位就是一个小社会,大到工资福利、个人晋升,小到柴米油盐、成家生子,都在国家权力的分配下来完成,因而有一个正式的工作单位成为很多人生活的保障,这种观念直到今天还是根深蒂固。① 因而我们看到,国家权力大,而社会权力小,社会自组织性与调节能力差,除过正式的单位外,其他的社会组织无力也没有意识来开展公关活动,而所谓的正式的单位呢?由于其大多握有垄断权力,因此也就没有公关的必要与耐心了。

在近代中国西风东渐之下,也有理性与启蒙运动的契机,这本身是现代社会到来的先声,但很不幸的是内忧外患此起彼伏,用李泽厚的话来说就是"救亡压倒启蒙",现代性无法得到充分发育,遗憾的是,危机解除之后权力一体化的思维惯性并没有消失,其他社会组织与个人的权利诉求得不到正视与解决,公关很长时间也就成了皮之不存、毛将焉附的东西。

改革开放之初我们曾经也有"四个现代化"的口号,但这四个现代化更多的是指向物质与国力层面,不涉及社会结构的现代化与人的思想观念的现代化,因而实际上而言,在经济衔枚疾进的同时,社会及文化与其不协调的一面表现得越来越多、越来越突出,公关也就只能在掣肘之中艰难前行。

作为一种观念和实践的公关的正当性得到正视还需要时间,因为

---

① 李汉林:《中国单位社会:议论、思考与研究》,上海人民出版社2004年版,第38页。

文化传播的媒介景观

它必须依托于中国社会的现代性转型，2009年4月《读书》编辑部与博源基金会联合召开关于"现代性与中国社会转型"的座谈会，金耀基明确地指出中国的现代性建制还没有完成。① 因为社会组织权力、个人权利得到真正尊重的那一天，也就是公关不再庸俗化的开始。

二　传统文化之病

中国传统文化中许多优秀的品质，这也是保证其赓续千年的基础所在，简单地说，如果传统文化的核心可以概括为"仁、义、礼、智、信"的话，这些文化基因都是今天做好公关的宝贵资源。在世界文明起源的轴心时代，包括儒家在内的诸子百家都留下了可贵的思想遗产，居延安对此做过简单的总结，比如墨家讲兼爱、非攻；兵家提倡攻城为下、攻心为上；纵横家则实践着纵横捭阖的国家公关；孔孟说，己所不欲、勿施于人，君轻民重等②，这些联系当下公关的理论与实践，为我们留下了丰富的论述与行动空间。

然而，就像任何事实都可以切割出很多侧面一样，从另一个侧面看，传统文化中的思想观念成为公关庸俗化的根源也是不能否认的事实，这也正是历史的吊诡之处。正如朱大可在《流氓的盛宴：当代中国的流氓叙事》中的发问，"为什么一个据说是被儒家学说全面掌控的国家，最终却完全丧失了儒教的特征，成为一个暴力横生、充满腐败的道德涌流、并且长期陷入钩心斗角的内讧之中的酱缸？"③ 这种反悖在吴思的《潜规则：中国历史中的真实游戏》以及人们的日常生活中已有揭橥。④ 联系公关的现实处境而言，为什么这些优秀的文化品质并没有导出公关的健康发展，这恐怕还是得从传统文化的病态一面

---

① 秦晓等：《社会转型与现代性问题座谈纪要》，载《读书》2009年7月号，生活·读书·新知三联书店，第9页。
② 居延安等：《公共关系学》，复旦大学出版社2005年版，第32页。
③ 朱大可：《流氓的盛宴：当代中国的流氓叙事》，新星出版社2006年版，第8页。
④ 吴思：《潜规则：中国历史中的真实游戏》，复旦大学出版社2009年版。

来找寻根源。

孔子有很多重要的观念论述，比如"仁"，讲的是仁者爱人，这几乎成为儒家传统中的最高理想，孔子所言说的更多是普遍与抽象意义上"仁"的观念，其本身体现的是对于人群整体的普遍大爱。中国历史上杀身成仁的例子不是没有，但是太少，因为更多人的日常实践中还是更多地将这一"仁"的对象设定在具体的人上，直接说来就是对熟悉的、认识的、有关系的人的爱，这种爱无法推而广之，只是限定在特定的圈子之内。那么简单说来，公关活动中的对象如果无法从具体推衍到普遍的话，那么公关只会成为小集团、小群体卫护自我利益的安慰剂，而无法实现对全体公众的大爱。例如三鹿奶粉事件中，长期添加三聚氰胺的生产活动难道没有一个员工发现吗？非要等到祸害不可收拾时才痛下杀手，在工厂的效益、企业的形象、员工的岗位这种"小爱"的权衡中，致使事件一发不可收拾，此前三鹿已经在同样理由的驱动下在阜阳大头娃娃事件中，用所谓的"公关"让自己幸免曝光。[①]

费孝通在其文《乡土中国》里提出过两个著名概念，"熟人社会"与"差序格局"[②]，这两个提法深刻地概括出了中国人的关系模式，这种模式是传统社会的特点，但在向现代社会转型过程中却容易产生一系列不良反应。看关系、看利益，置专业评价标准于不顾的例子在人们身边比比皆是，以"差序格局"来说，国人的交往模式就好似石子在水面激起的一圈圈波纹，每个人都会以自我为中心将不同人等安排到这个同心圆的不同层位上，而利益取舍、关系亲疏全在这同心圆不同的"差序"上，公共价值、真理价值、正义价值在其中是找不到位置的。一位海外记者也有类似的观察，他说中国人并不缺少对社会的关注，但这个关注只是圈定在他们生活的环境之中、熟人之中，无法

---

① 《大头娃娃事件三鹿成功公关，退出不合格名单》，见星岛环球网 http://www.stnn.cc/society_focus/200809/t20080912_863560.html。

② 费孝通：《乡土中国 生育制度》，北京大学出版社1998年版，第24页。

普遍化。试问，如果相同的观念带入公关之中，公关所提倡的公共、公众、讲真话（Tell it truth）等理念如何能落实？而这些核心理念不能落实，公关又怎能不庸俗化？因此，使其成为社会灰色地带的另一个代名词。

"礼"是中国传统文化中的另外一个关键词，礼简单说来就是孔子所讲的三纲五常，人们处在不同的社会等级中，社会要稳定、秩序要良性，每一个人都应该知道自己所处阶层所应有的言行举止，非礼勿视、非礼勿行、非礼勿听，如果真是这样，那我们生活的社会自然太平昌盛，没有利益矛盾需要调节公关也就没了存在的必要。但是，有哪个人、哪个组织是完全的依礼而行呢？特别是那些所谓的当权者，例如皇帝按理说来是上天之子，天生就负有保护百姓增进福祉的天职，但中国历史上英明神武的皇帝屈指可数，一些不管百姓死活的皇帝也就罢了，不少还是鱼肉百姓的暴君、昏君，到头来，"礼"没有成为不同阶层社会关系的调节器，反而只是成为控制、驯化中下层百姓的枷锁。熟读历史的人都知道，越是那些位高权重的既得利益者越是有逾越礼法的可能，而老百姓只是被要求知礼守法，表达合理诉求与权利的意识被彻底缴械。可以看到，在这种看似一团和气的表象下，公众利益与需求得不到积极回应，而只是让他们谨守住他们的本分，那么那些伤害公众利益为非作歹的机构组织如何能得到应有处置，只有一方的本分，没有双方共同的本分，公关又怎能器宇轩昂地深入人心，公关的真意被抽离，剩下的只是个人与小团体的利益，公关又怎能不变得庸俗起来？

中国传统文化并没有像西方文明那样有外在超越而诞生宗教的可能，在世俗与实用的观念遗传中，公关要取得道义上的优越性，成为一种高尚、尊严的存在，就面临着巨大的挑战。

三 市场经济之痛

市场经济在资源的优化配置方面发挥着不可替代的作用，其本身蕴藏着巨大的开发潜能，因而改革开放之初我国最早一批的公共活动、公关协会、公关教育首先在沪粤等东南沿海城市出现。20世纪80年代初，一部名为《公关小姐》的电视剧以当时广州中国大酒店为场景，展现了一群公关丽人的工作与生活，这也成为大陆观众对于都市白领最初的集体想象。但是到了20世纪90年代之后，随着一个泥沙俱下时代的到来，公关人员光鲜的形象由亮转暗，公众认识形象的转变背后其实是市场经济缺失造成的不良状况的愈加突出。

没有市场经济的转型，就不会有公关的新生，但这并不意味着有了市场经济的建立就会有公关的繁荣。因为市场经济本不是单一的经济体制的改革，而是牵扯到了政治、文化等多个层面的相关配套的跟进，如果这些环节不能相互配套互相促进，只留下经济的单车独进，那其实是对市场经济最大的误解，所建立起来的也就不是真正意义上的市场经济。

亚当·斯密在《国富论》中所论及的"看不见的手"的积极作用，在没有相关环节的配套下来说是很难实现的。早年力主推进市场转型的吴敬琏被人称为"吴市场"，他的转变就颇有代表意义，因为他发现没有法治、道德的响应配合，市场最终只会成为权贵的市场，"吴法治"的叫法不胫而走。

以公关来说，不是真正的看重公众、其他社会组织的各项权益，唯利是图空谈口号是对公关最大的伤害，比如说商家缺乏应有的"契约精神"，契约精神从深层次上来说关乎责任与诺言的实践，任何组织都在信仰深处有对社会、公众负有一份责任，面对利益的诱惑、竞争的恶化时这种精神才最终能将组织拉离堕落的边缘，做到真正意义上的公关。前几年为人诟病的全国牙防组就是典型的例证，全国牙防组按照其组织精神而言，应该是在牙齿保健中依托专业知识做出评判，但不幸的是这份契约精神却被厂商一次次的所谓"公关"之下，以收费方式来做出评判，其专业精神一次次地被践踏，真相大白之时就是被公众所抛弃之日。专业知识领域尚且如此，可

文化传播的媒介景观

以想见其他生产经营行业面对利益时自我放逐的频次和比例会达到怎样的数量与范围。

公关本身是对社会组织与公众利益的软性调节，而社会组织在内心缺乏对公众的"真正的尊重"的话，所谓的公关只会沦为遮掩与谎言的替代，所衍生的只会是即将公布于众的信息如何被"公关"，被拿下、被搞定！公关精神简单地被所谓的公关策略、公关伎俩、危机公关所亵渎、所绑架，凸显了工具理性而放逐了价值理性，公关又怎能不庸俗化，让老百姓戴着有色眼镜来看待？

一定意义上说，公关的正当化、高尚化源起于法治的到位及道德的胜利。就法治来说，不能说我们的法律不多，法治建设取得了很大成就，但是有法不依、行政力量对于法治干涉的现象还比较突出。2009年8月最高人民法院副院长沈德咏坦言，不信任司法渐成普遍社会心理;[①] 就道德而言，那是在法律底线下的高位企及，道德滑坡、信用沦丧几乎已经成为人们对社会的一种共识，没有"抬头三尺有神明"的敬畏，只有盈利成本的精打细算，公关愈加远离其本真精神，就愈加沦为利益集团操纵公众的隐秘力量，中国式公关就真的逃不脱庸俗化的宿命！

公共关系的面相转变依赖于社会转型过程中现代性的发育成熟，公关如果要实现高尚化，成为人们尊重、向往的一个行业，必须从行业本身所存在的巨大隐患入手，自揭伤疤，痛定思痛，在自我扬弃之中生发出向上的力量。尽管艰难，但是公关作为一种主体性力量还是在顽强地生长着，北京奥运前后的国家公关，上海世博会及西安世园会的城市公关、政府发言人制度的常态化，网络等新媒介条件下公众监督力量的壮大，越来越多的企业、组织开始投身社会公益活动，昭示着中国公关关系的更多可能！

[①]《沈德咏：部分群众对司法不信任渐成普遍社会心理》，见搜狐网 http://news.sohu.com/20090819/n266071193.shtml。

第三节 电视购物批判

电视购物作为一种特殊的节目类型或者说广告类型具有纯粹的商业谋利诉求，它却在形态及内容两个层面进行有意地混同与嫁接并以此来扰乱观众的认知区隔与收视体验。本节以批判的姿态认为，节目与广告的越界混淆、身份冲突下的粗鄙诉求、商品拜物引发信任追问正是电视购物的三大病灶，也是广电部门对其频繁出手的原因所在。

为可能性打开窗口意味着对现实的不服从，理性的价值正是在于想象另一种生活的存在。而在一个商业话语覆盖一切的时代，与交换法则相悖的观念纷纷滑脱坍塌，人之为人的价值就此变得整齐划一。批判的姿态则试图与此抵抗，唤起人与现实间必要的张力。媒介传播与资本主义、民族国家及军事力量共同构成了现代性的四大制度性维度，以电视购物为检视对象则意在通过解剖典型提醒人们对于媒介霸权保持足够的警惕。兴起于20世纪90年代初的电视购物年龄不大，但影响不小。在不同视角下审视极易造成人们的认知障碍：它可以是街头售卖的空间转换；也可以是电视节目的推陈出新；还可看作广告传播的改头换面。总之，它充斥着混杂、模糊并以此面目实现了利益结盟与勾兑，成为当代电视史上散发出浓重商业气息的奇葩。

一 形态批判：节目与广告的越界混淆

类型的建立是现代性立法，它使混同交杂开始呈现出分化与自律。这既根源于社会分工也与人们的认知及操作密切相关。人们对电视节目的认知也呈现出这一趋势。《电视节目类型学》一书将节目分为八种类型，分别是电视新闻资讯节目、电视谈话节目、电视文艺节目、电视娱乐节目、电视纪录片、电视剧、电视电影与电视特别节目。[①]

[①] 徐舫州、徐帆：《电视节目类型学》，浙江大学出版社2006年版。

刘燕南等学者在《电视节目"多维组合"分类法及其编码设计》中则进一步以内容、行业、形式、对象、管理为标准划分出了五类二十八种电视节目。标准不同，结论自然就各异。[①] 如果以最为宽泛的标准来看，那么电视节目可以以赢利为界标一分为二：主打营利的节目以广告为主，在传媒双重属性的确认下，它是媒体实现再生产的物质保证；而其他类节目如新闻、文艺、体育、科教、剧集等则有专业的制作要求规范，以其专业水准吸引社会关注以实现曲线盈利。因而可以说，广告节目的首要属性是商业性，而其他节目的首要属性是专业性。在尊重首要属性的前提下，不否认次要属性的存在。

一般而言，人们对于广告与节目的区分尚算明确。这就好比说广告经常位于报纸的下半部分或者弹出于网页之上，那是完全不同的语法系统、符号展现，二者的不同一目了然。既是被动也是刻意，这种曾经壁垒分明的区别被掩埋或者取消了，电视购物就是其极致典型。这种可以被称之为"节目广告化"与"广告节目化"的形态来自于多方力量的推动。就节目来说，在收视率的"紧箍咒"之下，转化吸纳更多的广告手法有利于增强奇观效应，反复出现的节目预告片花即是明证；就广告来说，面对着选择愈加多样、精明的消费者，同业竞争的日趋激烈需要创意传播的不断进化。节目值得认真对待，而看到广告就到了换台或到了"方便"的时间的观念早已在人们心中根深蒂固，面对"广告中插播电视剧"的讥讽，更好的办法是让广告披挂上节目的外衣迂回上阵，电视购物就此打破了节目形态的边界。

"非驴非马"或者说"驴马混同"的存在正是电视购物的形态之惑。举凡节目所应具备的元素，如时长、固定的播放时间、人，相应的道具台词它都一一具备，很多电视购物甚至有特定的栏目名称。而节目所针对特定行业与对象的定位，以及结合具体主题分期制作在这里却被彻底取消。观众被统一替换上消费者的标签。电视购物以节目

[①] 刘燕南等：《电视节目"多维组合"分类法及其编码设计》，《现代传播》2003 年第 1 期。

形态之表行广告营销之实。时长是广告外在形态的限定之一，现代人的电视广告接收体验一般维持在 5 秒、10 秒与 15 秒，太长且拖沓的广告意味着观众流失的递增。尽管电视方兴之时，广告时长达到数分钟的例子并不鲜见，比如中国第一支胶片广告"青岛啤酒"就超过了 6 分钟。然而在影像拥挤的时代，更短的时间才意味着更强的爆发力和冲击力。而电视购物在节目外在形态的包裹下显然并不用受此限制，半个小时、一个小时，反复播放，甚至全天候的专门频道播放着广告营销信息。

广告重在商品信息传播、形象建立，而营销则意味着交易的完成。日常生活中的购物活动可以看作广告接收与消费行为的合二为一，传统意义上的电视只是进行着广告传播，而电视购物则事实上完成了广告与营销的统合，它在同一时间的不同空间完成了广告传播与市场营销两种不同活动的合二为一。由于中间流通环节的减少，在一定意义上降低了买卖双方的交易成本。而这种广告营销并不以商品买卖的形态出现，而是要包裹于电视节目的形态之下，以节目要素完成对自身的重构。以节目之形态留住观众来完成广告营销，需要编排策略的进化，这是传媒产业属性的典型体现。在有关性别文化走向的讨论中，中性化与双性化是两种饶有意味的看法。如果要降低批评的调门，恰如电视购物一般的同形异质或许是不可回避的命运走向。

二 内容批判：身份冲突下的粗鄙诉求

身份冲突与认同危机是现代性不可避免的后果。在英语世界里，身份与认同由一个共同的单词（identity）来指代。这个词被用以表达"同一"（sameness）、"相似"（likeness）、"整一"（oneness）的概念。[1] "身份是某一个体在某一特定时空的位置，更多强调的是个体位

---

[1] 王晓路等：《文化批评关键词研究》，北京大学出版社 2007 年版，第 278 页。

文化传播的媒介景观

置的外在赋予性","认同则是个体对外在赋予自己身份、角色所具有的内在认可性,强调更多的是内在的主观接受程度"。① 这一切如今都变得风雨飘摇起来。就电视节目主持人而言,他们具有采、编、播、控等多种业务能力,以一个相对固定的节目为空间,集编辑、记者、播音员身份于一体。由于电视长期作为媒体之王存在的事实,主持人往往具有了超脱于自身工作岗位而成为社会名人的可能。社会名人所拥有的诸种资源之中最为珍贵的是来自公众的信任,通过节目本身或者说节目通过主持人而拥有了较大的话语权。而在电视购物里,主持人的身份资源被有意为之地进行了让渡与置换。主持人与售卖人曾经清晰的边界变得模糊起来。现代社会无处不在的身份冲突与认同危机同样在电视购物中有典型体现。

售卖人的历史几乎与人类商业文明一样长,中国古代的行商坐贾,曾经活跃在欧洲城市街头的叫喊人都是最早的售卖人。在现代经典营销策略组合中,促销与产品、价格、通路一起构成了影响营销成效的四大板块。面对面的推销是营销的常态与惯例,即便是在大众传媒出现以后。在各种超市卖场、商贸集市、街边小摊上,售卖人以一对一的方式进行货品兜售。电视购物的出现,则实现了消费这一活动的三大转变:空间上,从实在的物理空间转移到了电视的虚拟空间;对象上,从单一零散的顾客转变为数量庞大的匿名消费者;身份功能上,售卖人披挂上了所谓的主持人外衣,从而让纯粹的商业活动向社会文化活动转质。

电视购物上的售卖人从来没有声称自己就是主持人,屏幕字幕上也从没有"主持人"的身份标注,但是他们分明是在以主持人的姿态与方式进行着事实上的促销言说。跨界、混血、嫁接并不一定都会产生优质基因,悬浮于表层的无机拼接就如水与油一样难以融合。电视购物由此传达给看客一种奇特的收视体验。举凡售卖人的性别配伍、

---

① 肖正德:《教师概论》,浙江大学出版社2013年版,第2页。

着装方式、举止仪态、"嘉宾"互动都以"主持人"标准为模板进行设计与安排,从而让电视购物在整体上扰乱了观众有关节目主持人的身份认知。

典型的节目形态有超越商业功利的主题诉求,正是在这一点上,电视购物中"主持人"的身份设定开始频露马脚。因为电视购物的唯一目的就是销售,简单重复地打价格牌是唯一采行的诉求策略。作为一种特定类型的诉求策略,价格诉求给消费者承诺的是以更少的支出获取更好的使用价值,这里给出的理由是由于商品流通中间环节的减少,更多的利润空间得以让渡给消费者。"便宜"总是能够成为打开荷包的理由,特别是在国民收入还不够高的条件下;便宜还有可能成为购买很多并不需要商品的理由。对于成熟的消费者而言,价格与品质往往密切关联:物美不一定价廉或者必不价廉,但在电视购物这里,价格似乎成了唯一起效的法则。其他有关"物美"的陈述都统摄于"价廉"之下。由此导致了电视购物内容的粗鄙化。

正如广电主管部门所指出的那样,用"叫卖式"夸张配音、语调、动作等做宣传;使用"矫形""塑形""透脂""甩脂"等宣传或变相宣传丰胸、减肥产品等,已经成为电视购物的痼疾。

粗鄙化当然不仅表现在电视购物的诉求策略上,它还表现在售卖人围绕商品一本正经上天入地式的推介,购买行为与减少人生遗憾获致幸福的逻辑建立,演播空间模拟商品使用的情境设计,模特展示与嘉宾互动的环节增设,深层次上说这也是当下时代文化气质的写照。

三 伦理批判:商品拜物引发信任追问

媒介产品不同于其他行业的一个突出特质在于,它在满足使用价值的同时还在潜移默化之中影响着人们的精神结构,是有关意识操纵的系统工程。不同时代的人们都生活在特定的意识形态之中,电视购物作为一种典型的媒介产品表征着传媒商品化及消费文化的甚嚣尘上。如果说来自形式与内容的批评只是指明了电视购物的技术病相的话，那么有关其观念及姿态的批评则主要指向的是媒介伦理操守的偏失。

当大量所谓名目各异、形态各异的电视购物聚集在一起的时候，无论其在技术环节上有怎样的千变万化，穿透表层的是深层观念传达给人们一个清晰的声音：消费，只有消费才是人生的全部与意义。舍此你的命运和生活将充斥虚空、无聊。有关消费意识的传达，我们在不同类型的节目中都能看到痕迹，但从没有哪个节目像电视购物这样的直言不讳、趾高气扬。广告节目明显是消费意识形态的表达，不过它总试图运用更为巧妙的创意或者致力于成为话题现象来让人怦然心动开始消费。新闻节目中表达消费观念要隐晦得多，不过只要看看充当新闻人物的商界精英与成功人士，以及有关市场行情不间断传递这也不难理解。娱乐节目要有来自商业力量的支撑，自然也必须成为这一话语形态的维护者。就连看似与商业无涉距离较远的人文科教类节目，也由于经营意识的渗透而接驳起文化与产业的关联。这是时代风尚，也由传媒的双重属性所规制。

纵观当下的电视购物所售卖的对象，要么闻所未闻，要么就是"奢华""气度""闻名""世界品牌""真是太神奇了""简直难以置信""拿起电话马上订购吧"之类的词语铺天盖地。同期声的声嘶力竭，神奇功能与效应的释放，"挂羊头卖狗肉"的操作，不一而足。

媒介产品商品化以不可阻挡之势横扫各种类型的节目。这一商品化特征非常明显地表现在广告商"软点"的节目制作，即节目制作人在节目制作时不能不考虑到广告商的一些基本要求。[①] 但是从没有哪种节目如电视购物一样极致典型。消费是人们维持再生产的基本手段，凡勃伦所发现的炫耀性消费凸显了消费活动的象征价值与身份意义。但这在以物美价廉为标榜的电视购物那里显然不适用。消费在这里就变成了既不是实现再生产的手段，也不是用以进行炫耀的象征符号，

[①] 鲍海波：《媒介文化的阐释与批判》，中国社会科学出版社2009年版，第67页。

而是成了生活本身，倒果为因，消费就是生活，消费本身就是目的。把这一病态消费观念加诸电视购物是有失公允的，但很明显，它起到了推波助澜的作用。因为无涉于主流意识形态的政治禁忌又能实现盈利，并且以营销精细、便利生活的合法性进行论说，电视购物于是就畅通无阻起来。

人们通过信仰来找寻与澄清生命的意义。图腾崇拜、宗教崇拜是信仰殿堂里的主要形式，在马克思看来，随着资本主义的兴起，商品拜物试图建立起人与物之间的紧密关联。电视购物所做的就是把每一位观众变身为商品拜物教的教徒。"消费的核心重要性表明了资本主义的一种重大变迁。19世纪资产阶级主要关心对工人进行控制，而将对消费者的控制基本上留给消费者自己。到了20世纪，（资产阶级的）关注焦点则转向了消费者，后者不再被允许自行决定消费还是不消费、消费多少或消费什么。资本主义开始需要确保人们积极地合乎以各种特殊的方式参与到消费社会中去。布希亚……将消费视为一种'社会劳动'，并将对消费的控制和剥削与对工作场所中的生产劳动的控制与剥削相比较。换一种方式说，资本主义已经创造出了一种可供剥削的'消费大众'。这种消费系统不仅具有控制性而且还有助于阻止马克思曾经期望的那种集体革命行动"[1]。以电视购物为典型特征的媒介产品所致力于改变的正是消费者的这种角色定位。

在商品拜物的旗帜下，虚假成为一个问题，诚信变得不再确定。某产品伪造丰胸奇迹，数十分钟的时间里，有三位消费者现身说法，直言塑身丰胸产品对女人的重要，如何得到男人的垂青，当事者的语言极具煽动性。事实是这些消费者是一些临时请来的群众演员，由节目制作方支付酬劳的刻意演出，后来经过央视曝光后才被停播。类似的弄虚作假让不少人上当受骗。

关于电视购物的种种，显然已经引起主管部门的关注。国家新闻

---

[1] 乔治·瑞泽尔：《后现代社会理论》，华夏出版社2003年版，第113页。

文化传播的媒介景观

出版广电总局《关于进一步加强卫视频道播出电视购物短片广告管理工作的通知》要求，自2014年1月1日起，各卫视频道每天18点至24点时段内，不得播出电视购物短片广告。这是在2009年类似通知下发后的再次发声。进一步说来，电视购物批判的另一头连接着的是对观众媒介素养提升的吁求。

第四章 传播对象嬗变的个案观照

第一节 《万国公报》的读者考察

历史本身只有在一个更为宏阔的时空维度中才能显示其意义,作为在近代存在了 33 年的一份报刊,中国新闻传播史中应该有《万国公报》的一个席位。对于它的评价,有一个逐渐还原与调高的脉络,大陆早些时候的研究者将其定性为一份"文化侵略"的出版物[①],而与此相左的意见则认为《万国公报》在中国近代新闻史上为最具影响力的报纸之一,并且将其转变过程视为传教士在华办报的一个典型。[②] 台湾学者更是认为,"中国报业现代于兹肇始"[③]。如果我们接受对于《万国公报》的认知,即它曾经产生过重要影响,那么对报刊的读者考察就是显示这种影响的不可忽视的一个方面。

一 读者的构成

《万国公报》存在的 30 余年间,主办者的思想、报纸的编辑方针随着时局的变化发生过几次重要转变。1868 年以《中国教会新报》(*Church News*) 之名创刊时,它是一份宗教性刊物,1874 年改名为

[①] 杨代春:《〈万国公报〉研究综述》,《湖南大学学报》2001 年 9 月。
[②] 朱维铮:《求索真文明》,上海古籍出版社 1997 年版,第 62 页。
[③] 赖光临:《中国新闻传播史》,(台北)三民书局 1983 年版,第 38 页。

文化传播的媒介景观

《万国公报》（*Global News*），成为"推广与泰西各国有关的地理、历史、文明、政治、宗教、科学、艺术、工业及一般进步知识的刊物"①。1889年，《万国公报》（*The Review of Times*）作为广学会机关报复刊，"以甲午战争为分野，《万国公报》的言论发生明显变化，那以前大多没有超出通商筑路、改革科举的范围，那以后便转向'不变法不能救中国'"②，从而进入报纸事业发展的高峰期，戊戌变法以后则渐趋消声。《万国公报》英文刊名的两次变化可见其不断介入中国社会的努力，读者的构成呈现出多层次性。

1. 传教士。传教士和教徒是报纸早期的主要读者。林乐知在报纸第一期中写道：俾中国十八省教会中人，同气连枝，共相亲爱，每礼拜发给新闻一次，使共见共识，虽隔万里远，如在咫尺间。改名前的《万国公报》多刊登有关宗教之事，小部分为格致知识与中外新闻，内容分为五类，一为政事，录京报上之谕旨、奏折等；二为教事，为有关圣经解释与宗教活动等内容；三为中外新闻；四为杂事；五为格致知识。1877年在上海举行的在华基督教传教士大会上，有位来自杭州的教师说"林乐知先生的报刊，据我所知，几乎都由教徒购买，或者至少在杭州没有异教徒的订阅者"③，可见报纸早期的读者面是相当狭小的。

传教士也是当时办报经费的主要来源，"除林乐知个人由清政府取得的俸禄外"，"主要来自各国在华新教教士的捐助"④，还有"传教士自己的差会提供以及销售所得"⑤。当然，这与《万国公报》成为广学会的机关报以后，办报经费主要由广学会提供是有差别的。

2. 政府官员。甲午海战失利所造成的"忧郁激愤的心情和耻辱的感觉，才真正刺痛了所有中国人"⑥，再保守的人也希望图新以自强，

---

① 《万国公报》1874年第301期。
② 朱维铮：《求索真文明》，上海古籍出版社1997年版，第83页。
③ 《基督教传教士大会记录，1877年》，该会议1877年上海版，第38页。
④ 朱维铮：《求索真文明》，上海古籍出版社1997年版，第65页。
⑤ 方汉奇：《中国新闻事业通史》第一卷，中国人民大学出版社1999年版。
⑥ 葛兆光：《中国思想史》第二卷，复旦大学出版社2001年版，第532页。

大小官员"因地大十倍之中国,不能敌一蕞尔之日本也,莫不欲究其所以致此之故,求新之意,因此而起,而又惜讲求外事之书,寥寥无几"①,此时的《万国公报》迎应时局变化发表大量政论文章、翻译西学力促官员革新。

另一方面,这时报纸取向的变化与林乐知以及李提摩太对布道方式认知的变化也有关②,李提摩太分析认为中国大众对学者特别尊重,并对官员唯命是从③,因此,教育了中国的上层人士和知识分子,就可以影响中国大多数的民众。《同文书会年报》记载:

> 《万国公报》是总理衙门经常订阅的,醇亲王身前也经常阅读,高级官员们也常常就刊物所讨论的问题发表意见。
> 有一位住在上海的翰林特别喜欢看我们的《万国公报》,他经常向在京城的翰林同僚们寄多达三十分的《万国公报》。
> 英国驻广州领事在与张之洞秘书的谈话中获悉,"这位秘书和他的许多朋友都是这个杂志的订户,他们认为这是中文中从未见过的好杂志,总督自己也偶尔阅读这个杂志"。

《万国公报》每季都出合订本,为"迟钝而懒惰的清帝国各省衙门的官员"订阅。④

3. 维新人士。清末中国出版西学书刊的有三家,江南制造局和北京京师同文馆由清政府主办,1873年广学会改组成立,该会宗旨为"以西国之学广中国之学,以西国之新学广中国之旧学",编译、出版了包括《万国公报》在内的大量西学书籍以及报刊。范文澜认为,变法成为一个运动,《万国公报》是有力的推动者。《万国公

---

① 《中东战纪本末》第三编第四卷,第85页。
② 二人早年的传教活动收效甚微,入教的多是一些贫苦的灾民,多为温饱而来,中国人实用主义的精神可见一斑。林乐知在上海布道数年,也只有一对夫妇接受洗礼。
③ 《同文书会年报》,第4号,载《出版史料》1988年第3、4期合刊。
④ 姚松岭:《影响我国维新的几个外国人》,台北传记杂志社1971年版,第65页。

报》"把他富国强兵主张,明明白白说了又说,引起了当时有志之士的普遍注意"①。

维新人士的读者中康梁集团无疑最为引人注目。康有为所读西书范围较广,"声、光、电、重、学及各国史志,诸人游记,皆涉焉",但是具体书目由康有为自述可见者,仅《万国公报》一种。甲午战前的十几年间,康有为聚徒讲学常把《万国公报》上的文章作为讲义给学生们解释。②他本人也参加过《万国公报》的征文比赛,并取得名次。

李提摩太在看了康有为上清帝的奏折后说,"余甚惊异,凡余从前之所建议,几尽归纳结晶,若惊奇之小指南针焉"③。朱维铮在比较了康有为上清帝第二、三、四书三道奏折后,认为其"富国之法""养民之法"的改革方案明显受到《万国公报》的影响。

梁启超1896年所编《西学书目表》将《万国公报》列为最佳西书之一。谭嗣同在创设算学馆时,主张馆中要购置《万国公报》等报纸,"凡谕旨、告示、奏折与各省时事、外国政事与论说之可见施行者,与中外之民情嗜好,均令生徒分类摘抄"④,足见他也是报刊的热心读者。唐才常在甲午战后由中转西,他从《万国史记》《泰西新史揽要》《万国公报》和《格致汇编》中学习西学知识。⑤

《万国公报》多次举办征文比赛,不断推进士人的维新风气。1894年举办的一次征文比赛,收到172篇文章,可见不少谋划维新的知识分子关注着该报。

4. 皇帝及国外读者。作为一国之君的光绪皇帝对于甲午海战失利的痛苦是刻骨铭心的,处在困局中的光绪要求上海轮船招商局按期呈览《万国公报》。⑥据1898年广学会年报记录,当年光绪皇帝购买有

---

① 曹聚仁:《文坛五十年》,东方出版中心1997年版,第26页。
② 李喜所等:《五千年中外文化交流史》第三卷,世界知识出版社2002年版,第132页。
③ 梁元生:《林乐知在华事业与〈万国公报〉》,香港中文大学出版社1978年版,第140页。
④ 谭嗣同:《谭嗣同全集》(上册),中华书局1981年版,第166页。
⑤ 葛兆光:《中国思想史》第二卷,复旦大学出版社2001年版,第540页。
⑥ 朱维铮:《求索真文明》,上海古籍出版社1997年版。

关书籍1298种，其中89种是由广学会出版的，他还存有全套的《万国公报》。

更值得注意的是，《万国公报》的订阅者，还包括日本天皇及内阁成员，朝鲜的政府官员等。[①]

5. 普通读者。林乐知在解释《万国公报》更名的原因时说"既可以邀王公巨卿之赏识，并可以入名门关系之清鉴，且可以助大商富贾之利益，更可以佐名匠农工之取资，益人实非浅鲜"[②]。基本上可以说，他心目中的读者对象几乎囊括了各个阶层的人士。

山东曲阜孔子后裔孔令伟曾给广学会写信表示，在他们那里，闭塞无知，对外界的事极不了解，读了万国公报，情况有所改变。杭州一儒生，也在信中表达了类似的意思。有一位在重庆偏远山区的外国人曾向广学会谈起，在他住的地方，李提摩太、林乐知的名字几乎家喻户晓。

费正清在《观察中国》中认为《万国公报》对于提倡女权有重要贡献，从侧面印证了女性读者的存在。

二 读者的数量及分布

《万国公报》创办初期，林乐知本以为报刊会受到中国基督教徒的欢迎，却没料到18省内教徒订购者寥寥，仅上海也只有几百份的销量。据1868年年底的统计，报纸共销出494份，其中上海290份，福州65份，汉口、宁波各售出25份，北京21份，其他地方10份不等，广州和香港无法统计数字。[③] 到1877年，在华基督教传教士达到470人，中国国教徒人数近1万。《万国公报》1873年的发行量增至"两千多份"。[④] 数字两相比较，可见该报的影响力已经明显提升。

[①] 姚松岭：《影响我国维新的几个外国人》，台北传记杂志社1971年版。
[②] 《万国公报》1874年第301期。
[③] 顾长声：《从马礼逊到司徒雷登——来华新教传教士评传》，上海人民出版社1985年版，第152页。
[④] 李喜所等：《五千年中外文化交流史》第三卷，世界知识出版社2002年版。

文化传播的媒介景观

《万国公报》复刊后每月发行量有"一千本",至1896年年底,"已盈四千本"。① 广学会年报有一组《万国公报》和其他书报销售额的统计,虽然没有单独列出《万国公报》的销售额,但数字是逐年增加的,从1893年至1898年,"相距五年,陡增二十倍不止"。② 1898年全年销售报纸约38400多份,1902年总计48492份,1903年总计54396份,达到最高纪录。③ 报纸销量的增加与这一时期咸与维新的社会风潮是有密切关联的。

如果单就数字而言,《万国公报》的读者数量相对于其他报刊并不占优势。我们引入同一时期的一些报纸发行数量作一比较。《申报》1872年创刊时,每月销量600份,四个月后,该报在上海的日销量达到3000份,至1897年,每日销量八九千份。《新闻报》1893年创刊时每期300份,1894年达到3000份。由康梁主办的《万国公报》1893年创刊一个月后,发行量达到3000份。《时务报》创刊一年后发行量增至12000份,最高时发行量达到17000份。然而,《万国公报》是"传教士报纸中最为日久,发行量最大的一家"。④

近代传教士主要是随着不平等条约的签订而进入中国的。《万国公报》流传于中国的通商口岸。从1894年征文来源地区可以看到,主要的读者群分布在江苏、北京、广州、福州、杭州五地,当然也包括报纸所在地上海。广学会也在天津、汉口、南京、奉天、烟台等地设立了书报代销处。《万国公报》经常随着广学会的赠书分送东南沿海至西北内陆城市,其他的一些地区包括成都、西安、太原、济南、开封、武昌、云南、重庆等地。⑤

近代中国所出现的一系列救国模式并不是凭空而来的,"冲击——回应"的历史脉络下,作为一份有影响力的报刊,《万国公报》在西学

---

① 李提摩太:《民教相安释疑》,《万国公报》第37册,1892年2月。
② 《中东战纪本末》第三编第四卷,第82页。
③ 舒新城:《中国教会新报、万国公报、中西教会报》,载上海《学术月刊》1875年。
④ 费正清:《观察中国》,傅光明译,世界知识出版社2001年版。
⑤ 李喜所等:《五千年中外文化交流史》第三卷,世界知识出版社2002年版,第124页。

东渐的历史潮流中发挥着重要作用。而这种作用的发挥可以通过考察其读者结构与分布地区来得到印证,从读者构成上而言,《万国公报》深深地影响着中国的精英阶层,特别是对维新派及其主张有直接的影响,从读者数量及其分布上看,它的影响力与日俱增,并且与时局变化的起伏紧密相关,国人需要通过对新知的吸纳来求索救国的方案,这时的外人所办报刊就成为重要的方案资源。从通商口岸及至中国腹地的读者分布上,《万国公报》的影响力逐渐地渗透。

第二节 广告新媒体环境下消费者分析的方法转换

本节检视了媒体与社会变迁下不同的消费者分析方法,意图从作为传播的广告视角出发,倡导一种历史过程意义分析的新媒体观念。并在批判既有方法的基础上伸张在新媒体环境下空间意识的重要性,指出消费者分析方法将走向以空间想象为主导的结合多种方法的阐述的理路。

现代广告发展的早期,消费者的形象一直隐而不见,好像他们就是天生的隐匿者。这其实不难理解。在一个社会产品匮乏、媒介管道单一、消费者同质性过高的年代里,有产品有信息就能打开市场销路,广告业的创意冲动与行业细分实在是没有太多的内在推力。作为大众的消费者面目模糊、头脑简单、行为粗俗,在一定意义上难以逃脱"乌合之众"的评价。报纸是历史最为悠久生命力最为顽强的广告媒体,但完全意义上的报纸广告还是要从《纽约太阳报》这样的便士报时期开始,这个时期也正是新大陆在工业革命的推动下,市民阶层或者说消费者逐渐聚合的时期。

一个自由的社会使得其中的各主体都有健全发展的可能,由此形成一种稳定的、健康的演进,这里新知识的替代与生成极具解放意义,比如传播学对于"纸上推销术"的广告探究提供的新视角,广告信息的受众或者说消费者开始引起更多的重视。他们是谁?他们怎么样消费？用什么样的方法来区别他们？成为一代又一代研究者不懈的努力方向。尽管消费者研究与分析的历史可以追溯到 1921 年智威汤逊公司"人口与人口分布"的研究，以及大萧条之中盖洛普为扬—罗必凯公司所做的市场调查，但消费者分析方式真正的成熟还需要等到战后的黄金岁月。

以技术的视角考察，20 世纪的上半叶同样也是广告媒体充分发展的重要时期，报纸、杂志、广播与电视迭次登场，四大广告媒体的主导地位到今天以至将来很长时间都很难撼动。近年来全球广告投放额的分配的变化正是表明了这一状况，但同样也要看到，传统的四大媒体在风起云涌的广告新媒体的挤占下市场份额不断下降的事实，中国传媒大学的黄升明教授对此判断：传统的四大媒体广告的份额曾经达到 80% 以上，但到目前还不到市场的一半。[1] 2015 年广电报刊四大传统媒体行业的广告之和为 1743.53 亿元，低于互联网广告市场 2096.7 亿元的规模。[2]

然而，论及新媒体却是一个分殊极大的概念。联合国教科文组织曾经专门界定新媒体就是网络媒体，这可以视作新媒体最为狭义的理解。互联网在 1990 年以来全面突破军事与学术领域转向民用，让世界的物质构成从原子一跃到比特实现了数字化生存，在弗里德曼最近的名作《世界是平的》之中，互联网技术的发展是碾平世界的十台推土机中主要的几台。广告与网络新媒体的结合发展出了网络广告、搜索引擎广告、电子杂志广告、博克广告等若干形式，这些眼花缭乱的广告类型多是传统电子媒体广告形式的移植与挪用，除却广告的互动性大为增强以及赋媒体广告技术之外，很难讲广告创意与表现的方法与方式有了根本性的革命，但却让日渐分化的消费者更加难以捕捉。

---

[1] 方烨：《新媒体崛起，四大传统媒体广告份额将全面下降》，http://www.china.com.cn，2005 年 9 月 22 日。

[2] 绪军、吴信训、黄楚九：《新媒体蓝皮书：中国新媒体发展报告 No.7 (2016)》，社会科学文献出版社 2016 年版。

也有研究者从广义上对广告新媒体提出了不同的看法。这一概念定义的理路从传播模式的各个环节出发，认为只要媒体、信息及其表现，或者消费者的感受有区别于传统媒体广告的，就可以视为广告新媒体。就像新媒体就是网络媒体这样的看法很快在解释现实上显得吃力一样，对于任何正在发展着的新事物如果急于论断的话，也容易消减理论的威力；但同样需要看到，广义上的新媒体有大而无当之嫌，此一视角也很大程度上推卸了思考者的责任，也无法对新近广告现象经验搜集与理论概括有太大的帮助。

其实新媒体中"新"字限定本身就让人们疑窦丛生，尽管没有两样事物会是一致，但同样也有"太阳之下本无新物"的看法。200多年前出现了报纸，80年前广播兴起，60年前电视开始了媒体之王的旅程，10年前普通的中国人才接触到互联网，每一个时代都有自己的新媒体，并很大程度上重构着广告新媒体的方方面面。因而采用一种历史主义的动态视角无疑会让人们触摸到新媒体的本质。作为历史过程的新媒体既继承了传统遗产又向未来展现了热情，新媒体不单单只有网络媒体，但网络媒体完全可以视为新旧媒体断代的标志，在它出现及确立地位的前后，消费者分析的方法呈现出不同的情态。

与新媒体相伴生的是一个广告碎片化时代的来临，这种境况之下已有的消费者分析方法受到了严峻的挑战。已有的人口统计学方法、价值观与生活方式法的内在缺陷逐渐显现。

理性启蒙使得科学成为一个有魔力的词汇，简单说来任何对象都是可以研究分析归纳的，人口统计学方法秉承着实证主义的理路兴起于美国，这一方法假设消费者本身是可以完全认识的，只要采用得当的方法，因为地理、年龄、收入、性别与族群的差异会表现出不同的消费特征。时至今日这种对于消费者的分析方法仍然相当有效。但其外在于消费者心理的视角仍然受到了不少的批评。将消费者视作被动的客体，而不是对其消费情景具有一定的能动性以及主观诠释能力，进而做出消费行为。这样的消费者区隔同样是在乐观的经验主义的基础上得到的一个在产品相对单一的环境中的结论。应该看到，即便是素有相同人口统计学特征的消费群，其内在的差异也是相当明显的。特别是就整体社会氛围而言，晚期资本主义对于消费社会的形塑，以及后现代主义的转向所引发的各种新的观念、消费行为都已经不是人口统计学的方法所能涵盖的。更为复杂的消费者分析方法势必要在人们期待的视野中出现。

价值观与生活方式方法试图为消费者分析提供更为准确的工具。[1]这一方法在摆脱人口统计学简单的决定论的基础上，发展出了以价值观的差异区隔消费者，德国社会学家韦伯首创生活方式一词，在他的理解中生活方式是一种群体现象，涵盖了生活的方方面面，能够反映一个人核心的生活利益。《美国人的九大生活方式》一书就概括了"需求导向型""外在导向型""内在导向型"与"内外结合导向型"等类生活方式，每一个类别的消费者都有相应可以捉摸的消费习惯。

每一种方法都有其适用的范围和限制，而不能成为宰制一切的意识形态工具，特别是在后学兴起的情况下，走得更远的是关于消费者分析不可知的看法，舒德森就曾经写道："你不必读广告行业的文献就能发现，消费者有时表现出理性的特点，有时又凭冲动行事；有时颇有独特个性，有时又墨守成规，身份意识强烈；时而对广告持怀疑态度，时而相对容易受骗；既追求新闻又追随传统；既关注价格又愿意为地位和质量而忽略价格。"[2] 广告之所以会成为艰难的说服，就是在方法的规制与后现代的语境中相对意义的大占上风，绝对真理的不可知，以及消费者同样出现的碎片化。

传播的意义在于流动、接触与分享，从而缔造共同的感受体验，自20世纪四五十年代传播学的兴起无疑为人们看待广告贡献了新的视角。作为传播的广告观分析消费者受到怎样的信息影响时，需要对于

---

[1] 加力：《广告的符码》，冯建三译，（台北）远流出版事业股份有限公司2004年版，第185页。

[2] 迈克尔·舒德森：《广告，艰难的说服》，陈安全译，华夏出版社2004年版，第33页。

所处的具体传播环境有一个具体的框定。消费者会出现在哪些环境、在哪些环境中会发生类似的体验，在这种情态之下，消费者分析在摆脱一种线性的、简单决定论的基础上急需发挥空间的想象力。

有什么样的特质就会有什么样的消费特质式的分析方法，在阐述观念的视野中已经变得极其可疑。社会的发展以及关系的复杂，符号所蕴含的象征资源的交错，特别是消费主义文化的蔓延本身已经让尽管具有相同基点的消费者的差异与偏向迅速拉大。这一切本身与广告新媒体的技术进步卷入了同一历史实践过程。

时间与空间勾勒了宇宙的基本模式，长期被压制在人们思考的范围之中的后者在西方新马克思主义眼中得到了重估，列斐伏尔就有"空间是社会关系的产物"的论断，这一观念认为"空间里弥散着社会关系，它不仅被社会关系支持，也生产社会关系和被社会关系生产"。[①] 空间本身构成了消费者群体划分的界限，简单说来，社会精英常常出没的楼堂会所并不是普通大众生活空间的常态。戈夫曼所讲的社会就是一个大舞台，但要细分的话这样的舞台不计其数，不同的舞台上演着不同的悲喜剧。一些传统的杂志广告媒体衍生出的在不同公共空间中的亚形态即是与特定消费者族群发生关联的努力。而公共空间数量的增多是一个社会文明演进的表征，消费者的空间聚合形态的发展会变得更为频繁与多样化。

广告新媒体的发展为抹平现实的政治经济差异提供了技术的轨道，"知识沟"在理论意义上消灭殆尽，"世界是平的"的判断着实醒目。以新媒体的代表网络为例，它更是搭建起了一个虚拟世界，在这个世界里，不同规模内容各异的亚空间之中，不同的人（消费者）进行着形态多样的聚合。电子杂志的广告效应已经显现，博客空间则是待开掘的金矿，搜索引擎广告都在不同面向上吸引着特定的人群，实现着广告的定向传播，消费者以不同的兴趣、目的和方

---

① 包亚明：《现代性与空间的生产》，上海教育出版社2002年版，第48页。

式在不同的空间中穿梭。

现代人不同于传统人之处在于他必须更多地在空间之中寻求归属感和身份认同,如果说"传统社会是一个以时间为脉络的社会,传统的血缘、地缘关系其根源无不在历史之中,个人的自我认同是在寻找历史的脉络感中实现的。相比之下,现代社会则更多是一个以空间为核心的社会"①,这也就不难解释新媒体所勾画的虚拟世界为什么就能够吸引如此多的潜在消费者。

从一定意义上,广告新媒体所分割出来的新空间大体上有两种理解的方式,一种是实体的物理空间,如楼宇视频、公交视频、高校食堂视频、医院视频等;另一种则是基于网络技术的文化虚拟意义上的公共空间,如电子杂志、博客与网络游戏中的广告作业等。

虽然消费者分析方法的转换目前称为范式的替代还缺乏支持,但消费者聚会点分析还是对于该问题的研究延展出了新的思路。没有人天生喜欢看广告,除非在一个比看广告都无聊的时间。楼宇视频所切割出来的广告媒体空间之所以发展极其迅速,即是对于身处这一空间中的消费者,以及出入电梯间的人群的消费体验与能力有一个清晰的把握。

大体说来,人们出现在某个地点有两种情况:一种是不得已而出现;另一种则是乐于出现的。消费者聚会点分析需要对出现在这两种情景的消费者有明确地了解。比如出现在网络游戏中的可口可乐广告,或者在战争网络游戏中出现的征兵广告,又或者固定浏览某些网页、博客的网民,都可以凭赖新技术的支持对于聚集在这些节点的消费者进行描述,而缘于同样的环境对于身处其间的消费者来说,能更容易唤起更多的共同体验,发生更多的购买行为。医院是社会生活正常运作的体制性机构,城市医疗资源的有限及其分配不均问题使完成一次诊断的时间被快速拉长,医院视频瞄准在漫长的候诊和等待之中的病

---

① 王儒年:《欲望的想象》,上海人民出版社2007年版,序言第3页。

患，成为广告新视频中针对性极强的操作，大量的医疗与药品信息通过这一渠道向聚集在特定环境中的人群传播，广告投放的效度迅速上升。这些都是最为典型的例证。

随着城市化水平的提高，生活在城市空间中的人们或者说消费者正在以不同的姿态穿梭和出现于物理或者非物理的城市空间，空间划分出来城市不同的层级、趣味与体验，并区隔着不同的消费者。在这种境况之下，传统的人口统计学及价值观与生活方式分析都有不足，消费者分析方法将是结合了消费者聚会点分析，在重申空间意义重要性的基础上、多方法结合的整体化阐述。

第五章 文化传播的仪式表达

第一节 文学传播：各怀心思的媒介立场

文学传播除却与其文学品性有关外，还与外围的社会文化、政治经济环境有密切关系。因为一定意义上而言，有什么样的外围环境，就会造就什么样的文学媒介，而特定的文学媒介则会为文学传播建立相应的遴选机制，其中的某些得到放大、某些被压抑、某些则遭受变形。正如北美著名传播学者麦克卢汉所言，媒介即信息。这里的"媒介"当然不能只做大众媒介来处理，而应该视为信息的管道与中介。因而可以说，有什么样的文学信息，反过来讲也就有什么样的社会结构、传播结构。

新时期中国文学也早已置身于一个与此前不同的社会、传播结构，在市场化不断推进、国家传播政策持续调整，以及新技术层出不穷的境况下，文学媒介的角色不断发生变迁。

不可否认，在一个"媒介化社会"[①]中，新闻媒体在文学传播中扮

[①] 关于"媒介化社会"，很难用一个共同认可的表述来描绘。一种观点认为它是关于"传媒对社会的影响的表述"，主要针对当前语境下媒体与社会之间更加复杂、微妙的关系，其中的一面表现在由于传媒对社会的广泛渗透、影响，社会呈现出对传媒发展的适应性特征，甚至在一定程度上不得不如此的特征。也有观点认为这是"一种传播行为，它在再现某个事件的过程中也在一定程度上改变了这一事件"。国内文学界较早注意到这一问题的可以参见《文学报》1997年7月31日刊出的赵建国一文《文艺批评的新闻化》，该文认为如题有四种表现：（转下页）

演着愈加重要的作用。现代媒体制度的建立为日渐多元与复杂的社会主体间搭建了沟通与交流的可能，越来越多社会主体不在场却发生关联与影响的趋势愈加强烈，这种状况在媒体的前现代性时间是不多见的，比如以中国古典文学为例，其本身也面临着一个传播问题，但作家、书商与读者之间的关系也相对简单得多，文学传播直接相关的影响因素远不如今天这般复杂，作家的书写多是来自体验而非冲着商业目的，精英文化的主要构成也在一定程度上限制着书商的别有用心，或者说"操作"，读者则有着更多的净化、提升与审美需求。

问题的复杂性还在于现代媒体如果能达致理想的"客观""平衡"与"公正"也就罢了，其实它本身还有很多的利益诉求与行动偏向，因而作为沟通文学方方面面的社会主体而言，它远非按照文学品性本身作为传播和放大的标准，它的计较、它的盘算以及它的用意都是我们看待媒体不能忽视的内在结构。正如媒体本应成为沟通中介，为人们心智沟通服务，实际上其却成为特殊利益集团，经由它，可以流芳千古；经由它，同样可以遗臭万年。

新闻媒体所发表的文学信息可以大体上分为作家访问与介绍、作品推荐与评论，以及文学活动三类。其中的每一项都受到作家地位、作家影响、作品获奖以及经费赞助等因素的影响。媒体本质上是属于大众文化的一部分，这是其与专业文学期刊主要的区别之一，因而媒体在文学传播中还是偏向于名家名作的传播，这样不仅可以保证受众接受的熟悉程度，而且在新闻作业中可以有效降低成本，新闻媒体"造星"是一方面，更重要一方面是其"追星"，观察媒体对于娱乐、体育明星的追捧也可以得到同样的结论。

作家地位越高、影响越大，媒体传播的几率就大、频次就高，以

（接上页）①作品尚在酝酿或写作、制作中时，或即将出版或上演、上映之际，新闻媒体就以新闻形式大张旗鼓为之报道。②与此同时或之后，便会举行什么"首发式""首映式""座谈会"之类，新闻记者手中拥有新闻发稿之便，往往受邀，实际地位比专家还高。③评论抢新闻，作品未出，评论已捷足先登。④主要关心有无新闻效应，并不关心是否经得起历史检验。很少顾及文化内涵和艺术品格，也没有能力顾及。

文化传播的媒介景观

在陕西媒体中经常出现的路遥、陈忠实、贾平凹为例，他们先后在新时期文学的不同阶段完成了较高社会地位的构建，几乎每到周期性的文化、文学仪式化活动中，他们的现身、他们的言论都会成为媒体争相报道的内容，比如路遥逝世17周年，新中国成立60周年系列策划报道中，著名作家的新闻报道就占据了媒体重要资源。这种情况其实是作家本人吸纳了较多的象征资源，是社会公认的一种状态，并不是媒体本身所能改变的，因而一定意义上，与其说媒体选择的是"作家"，还不如说媒体偏向的是"名家"。这一点陈忠实的例子比较有代表性，自《白鹿原》确立他在当代中国文学的地位之后，陈忠实的影响力已经跃出文学层面，他本人是狂热的足球爱好者，特别是每逢足球世界杯这样的大型比赛更是每场必看，西安本地媒体往往也会在同期向他约稿，一个文学作家所写的体育评论就此间或地、不断地出现在媒体中。

媒体资源总是相对有限的，新闻虽然说起来神圣，是"人类心灵沟通的工具"，但是在世俗从业者那里有时"它也仅仅只是一种工作"。媒体偏重名家的传播就只是多快好省的"常规操作"，算不上尽心竭力但绝对无可挑剔。这一点，美国学者盖伊·塔奇曼在《做新闻》中从新闻社会学的角度已经有非常精彩的论述，此处无须赘述。媒体的眼睛盯着名家，那些默默无闻的前行者、那些灵光初显的遗珠、那些不善作秀者、操作者，自然就更难以在"媒体惰性"面前获得露脸、眷顾、广为人知的机遇了。

但是，阅者要留下一个媒体偏狭的印象也不恰当。媒体就是媒体，这里并没有太多的价值判断，但文坛后生相对于前辈来说，要闯出些名堂来除却文学创造性外，还更需有许多"戏剧性"的特质存在。"戏剧性"本身是新闻的特质，西方报人早有名言，"狗咬人不是新闻，人咬狗才是新闻"，一语道破天机。这种"戏剧性"就文学传播而言指向的是作家或者文本"离经叛道"的幅度，也即与主流价值、传统观念偏离程度。这种偏离不是说越大越好，还有我国特定的法律、道德与风俗的规制，因此偏离必须恰到好处，其间火候的确不是一两句言语能道清。正如美国学者哈罗德·布鲁姆醍醐灌顶的"文学误读"概念，后进者如果对于文学传统没有体察与了解的话，很难形成独特风格，文学影响力的一个方面就导源于此。媒体的文学传播总是处于主导文化、精英文化与大众文化枝蔓丛生中的，它要勇敢地去调高发行量、视听率，也要小心翼翼地不去触碰底线。

2009年暑期《废都》正式再版，《废都》是真正把贾平凹从全国作家推向全球作家的一部作品，17年前《废都》刚刚出版，媒体报道铺天盖地，撇开文学价值而论，媒体与普通读者的眼中更多的是关注书中的性爱描写，就文学影响力而言，这种"离经叛道"的幅度显然已经超过了社会所能容忍的程度；17年后，媒体依旧热捧，但社会的开放程度早已不是当年可以想象，但文学影响力还在持续发酵。[①]

自20世纪80年代初，《人民日报》开始实行"事业单位，企业经营"，中国媒体事实上也迈开新闻改革的步伐，尽管颇费周折，但也赋予了中国新闻事业的双重属性，媒体在向党负责的同时也必须向市场负责，党的要求与市场利益有和谐的一面，但也有矛盾的一面，特别是与意识形态建设非常重要的文学领域，官方媒体与市场化程度比较深的媒体在文学传播上还是呈现出了迥异的趣味，以报纸为例，党报媒体更为关注的是与意识形态的契合度，与一个时期党和国家以及地方政府施政方针比较接近的文学形态会得到党报更多的青睐，"五个一工程"、精神文明建设以及政治宣传、讴歌巡礼、时代精神等方面内容会得到更多重视；市场化报纸，当然不能回避以上内容的报道，但是它们更为关注的是大众文学、消费文学以及文学产业链的上下游是否能打通，文学传播被纳入到了文化产业的整体格局中来进行判断取舍。市场化的媒体实际上已经处于一个被各种各样的文化传播公司、演出公司、出版公司、影视剧公司、广告公司环抱的状态之中，再经由所谓的

---

① 邰科祥：《不要炒糊了这盘菜》，《陕西日报》2009年8月7日第12版。

文化传播的媒介景观

公共关系行业的中介与勾兑，文学传播的商业性变得愈加突出。

另一类与媒体的文学传播相近的话题是作为专业化存在的文学期刊，文学期刊也可称为文学杂志，尽管二者都是定期连续出版物，但是由于专业性程度的差异，其所衍生的文学传播面向迥异。杂志是一种以求取综合性、深度性的满足，内容广泛、形式多样的定期出版物，它是人类将广告诉求和编辑内容混为一起的现实性体现。借助于这种媒体，人类可以实现一种相对独立的信息结构关系之设计，亦即区别于报纸、广播、电视甚或网络的信息关联方式。相比较而言，杂志更易于渗透理想的信念，是意识形态体现的理想空间与载体。以此种理念来看待文学杂志，就不难理解《人民文学》《当代》《收获》，以及各种文学选刊在文学传播中所扮演的难以取代的角色。

在文学史中，我们往往能看到这样的故事，某文学杂志因为慧眼识珠发掘新作而享誉史册，某文学杂志因为各种原因与名著擦肩而过而抱憾不已，比如《白鹿原》的出版经历、比如《平凡的世界》的出版经历都从不同侧面说明了这个问题。由于各种文学杂志本身定位的差异，在关注特定类型文学时就会有这样或者那样的选择差异，其间的差异与编辑人员的认知、杂志社的经营状况，与作家的熟悉程度、捕捉社会思潮氛围的能力都有千丝万缕的联系。

由于杂志是周期性的出版物，比媒体慢但比书本快，因而对于阶段性的文学动态有着更为深刻的把握与传播，新时期以来文学思潮的历次推波助澜与之都有密切关系。文学杂志往往通过专题性的类型文学的推介、讨论传播文学。不少名不见经传的作品、作家经由文学杂志的传播开始在社会上变得小有名气，文学杂志一定程度上也为新闻媒体的选择发挥着预选、初选的功能，但其精英气质与新闻媒体的世俗气质则是大相径庭的。以作家地位、作家影响来考量，文学杂志在这两个选项上是要比新闻媒体更为重视文学品性与审美价值的，杂志是有自信与底气在文学传统与文学现实中做出自己的专业判断。

如果说新闻媒体喜欢追着获奖作品来报道，比如贾平凹《秦腔》

在获得茅盾文学奖前后所受到的不同待遇，那么可以说文学杂志喜欢的则是创设文学奖项，通过各种名目繁多的文学奖项、文学竞赛活动的组织与推广，从接受者的角度来树立自身文学权威的形象，因为接受加冕自然光荣，但施予加冕的主体更是无可置疑。①

并不是有什么样的文学，杂志就传播什么样的文学，很大程度上，文学杂志还在建构着依然可能处于混沌的文学形态。"80后"是今天社会大众非常熟悉的一个语词，但其最初来源正是文学杂志"80后写作"概念的建构与操作，这一概念既想拯救已经陷入低潮的文学，以解决文学断代的燃眉之急，更想形成新的市场卖点，对类型小说起到炒作的目的。时至今日，看看韩寒的《最小说》、张悦然的小说创作都得益于这一大的流行概念的传播。

经由新时期文学的纯真年代，到了20世纪90年代各种文学杂志的经营状况普遍陷入低谷，"走出去，请进来"成为文学杂志普遍采取的应对策略，各种形式的联合办刊因此大行其道，著名企业、企业家成为文学杂志的座上宾，他们的名字越过编辑部人员列表出现在杂志目录的显要位置，文学杂志面向市场也不得不低下高傲的头颅，审美价值之外功利价值成为文学杂志不能回避的取向。时代风云之下，文学杂志掀起行业"改版潮"，在首都，《北京文学》毅然改版，立志从"好刊"成长为"好看"，"既要叫好又要叫座"说起来是两头兼顾，实际上文学价值已经退避三舍。②

文学杂志中还有一类专门刊登文学评论的理论刊物，这也是文学传播重要一环，能得到文学研究者关注与青睐的作品往往能实现更广传播，评论界与文学界的关系可以概括为"见不得又离不得"③，因此

---

① 丹尼尔·戴扬、伊莱休·卡茨：《媒介事件：历史的现场直播》，中国广播学院出版社2000年版。
② 邵燕君：《倾斜的文学场——当代文学生产机制的市场化转型》，江苏人民出版社2003年版。
③ 2008年3月28日在西安工业大学召开的首届陕西女作家创作研讨会上陈忠实就有此论，笔者当时就在现场。

文化传播的媒介景观

无论是正面肯定还是逆向否定，其实都是文学传播的放大要素，就文学来说最怕的是无人问津。但就这一类文学杂志的选稿编辑原则而言，大部分已经沦落至"见钱眼开"的地步，高校教师、研究机构人员在职称评定的压力下，一定数量的专业论文发表是硬性标准，此类文学杂志顺势广开财路，按字数收取投稿者版面费，已经一头扎进市场泥沼之中。

图书是文学传播中最具生命力与永恒感的载体形式，不能印刷出版就无法实现最大范围的传播，也无法实现长久的传播，文学的历史有多长，文学出版的历史就有多长，二者的关系是密不可分的。新中国成立以后相当长的时间内，体制外的出版机制其实是根本无法存在的，由于国家掌握一切社会资源，作家、作品、出版、发行等只能在体制内找到立足之地。文学生产事实上已经被纳入了组织化的结构[①]，写什么、怎么写等问题早已被政治所主宰，因而政治文学的特征非常明显。出版走的是以人民文学为代表的官方机构，发行则主要依靠各级新华书店，而这些都是国家事业单位，它们的文学选择标准与价值依归很大程度上是与政治意志接近的，文学传播的机制较为僵化，但这一切随着中国改革开放大门的开启得以出现生机。

1984年，地方出版社工作会议在哈尔滨召开，会议提出要把我国的出版机构由"单纯的生产型"转为"生产经营型"，同时提出要适当扩大出版单位的自主权，出版单位要实行岗位责任制。正是出版政策的松动，引起了一系列后续反应，"承包制""二渠道"成为人们熟悉的模式，这些新的出版机制的形成给文学传播提供了更大的空间，更多的可能。一定意义上说，文学出版的门槛进一步得到降低，更多类型文学文本有了抛头露面的机会，文学文本之间的竞争也进一步激烈。

今天，买卖书号早已不是什么新闻，各种书号可以通过或明或暗

[①] 李洁非、杨劼：《解读延安——文学、知识分子和文化》，当代中国出版社2010年版。

的形式在不同出版者之间流转，为那些急需著书立说的各色文人提供释放理想的平台，只要你愿意付钱，无论作品的文学价值如何，都可以让它散发墨香。这既不是坏事，也不是好事，这是实实在在的文学生态系统。到了21世纪的第一个十年行将结束的时候，出版机构的重组、兼并、组合早已不是什么新闻，2007年11月，随着辽宁出版集团上市，我国出版社的行业专制实现了大跨越，这些将使文学传播打上更为浓厚的商业操作色彩。

读者的文学选择，是文学传播落实到最后的表征，除却以上诸种因素的影响外，学科建制以及教科书编撰是另一不可忽视的方面。在我们对学生群体的调研中，这种看法得到了确认。

新时期也是我国高等教育取得高速发展的一个时期，就文学传播来说，大学中文系建制的普遍化为其重要特征。国内最为有名的中文系在北京大学，它有悠久的历史传统以及丰硕的研究成果，在各个历史时期对文学传播都发挥着最为专业化影响力。这种情况之下，文学传播的中心与边缘形式明朗，边缘在权力中心的辐射与宰制之下总是扮演着听命者的角色，文学传播的同质化特征比较明显。来自北大中文系的看法、观念与引领往往对文学价值的层次做出公认评判。

但是，这种状况随着我国高等教育的跨越式发展得到了改写。特别是自1999年大学扩招，在校人数的不断扩大，以及21世纪以来大学兼并潮、改名潮的影响，几乎所有大学都在向综合型、研究型的目标迈进，专业型、特色型大学中伴随着人文素养要求不断提高的呼声，以及21世纪以来国学复兴的大趋势，中文系逐渐成为各个大学必备的建制之一。另外，还有民办高校突飞猛进的发展，以中文系为代表的文科专业由于投入成本较低，也普遍落地生根。

作为文学传播的重要一环，中文系早已不是传统名校"只此一家，别无分店"的优势，这就极大改写了文学传播中心与边缘的生态，中心固有的实力或许没有降低，但是边缘的成长却是不争的事实。

更多研习中国语言文学的教职人员因此找到了安身立命之处，教师数量的扩大以及类型的多元也给文学传播的多样性注入了可能。

与此同时，在后现代主义思潮的蛊惑下，边缘性地方性的知识开始理直气壮地崛起，这就是说，那些后起中文系里面任教的教师有了更多偏离主流文学观念的可能，他们更有底气、更有自信来传布、教授自身认同的文学价值观念。比如，某高校中文系一位经验丰富的文学教授，在讲授文学理论课程中，一个学期的课时往往只能展开教科书内容的一两个章节，自我阐发、自我延伸的内容非常多，而不是按照计划完全推进。这位老教授在文学理论领域的建树是不容置疑的，对于这样一种现象也不能用简单的"教学规律"来解释，而是要看到其在文学传播中所扮演的角色已经极大地对传统教授方法构成了挑战，这种讲授也必将极大影响学生对于文学的看法。由此，类似的场景在文学传播的历史巨链中生成引人深思的景象。

新建的大学中文系在同业竞争中必然会采取相应的赶超策略，比方依傍名家，凸显特色，开掘地域等手法，比如以西安工业大学为例，陈忠实当代文学中心的建立实际上已经构成其不可被剥夺的优势，其中文系课程中诸如"陈忠实小说研究""贾平凹小说研究"等设置，是罕见于其他高校中文系的，在坚守文学核心课程的大前提下，不同大学中文系必然因地制宜、有的放矢地开设特色课程，以凸显自身核心竞争力，这已经成为一种趋势，极大地改写了文学传播生态的版图。怀疑、质疑的声音肯定是不绝于耳、共识将愈加减少，文学传播的更多可能性已经势不可当。这是后现代主义思潮在文学领域的一个具体影响。①

文学传播媒介的角色变迁的确是一个值得探索的命题，新时期中国文学的不同阶段，媒介角色处于持续微调之中，这与新时期这样一个大的历史阶段密不可分。在各种影响文学传播媒介的角色中，市场

---

① 黄宗智：《连接经验与理论：建立中国的现代学术》，《开放时代》2007年第4期。

化为主要的影响因子,其很大程度上主导了角色变迁的取向。另外,行业政策的调整、变动对于角色变迁有直接影响。文学传播媒介的角色政治性淡化,但这对于文学来说并不一定意味着解放,经济角色的强化将极大地妨碍文学传播的理想存在状态。众声喧哗,这是文学传播媒介生存的历史场景。管道多元化的情况下,每一种把关角色所受到的挑战从没像今天如此强烈;文学很热,但问题不少,撇开外因看来,文学传播媒介角色变迁的向好趋势主要还是要依靠传播者主体建设。

第二节 陕军东征:媒介事件与仪式修辞

"陕军东征"过去了20多年。有关"陕军东征"的讨论,"能说的"基本都已经说得差不多,"应说的"似乎意犹未尽,时至今日这个话题还是被不断提起。白烨曾从文学现象、文化现象两个层面对"陕军东征"加以定位[①],这也是当时两个主要的分析框架。就文学现象而言,论辩各方的焦点集中于作为一种地域文学现象的"陕军东征"文学性的判定上,不过这点就连肯定派内部也承认几部作品艺术性上的参差;就文化现象而言,随着20世纪80年代一个"去政治化的政治"时代的降临,精英文化与方兴的大众文化开启了正面冲突、妥协与接驳,力推市场逻辑的主导文化与后者结盟或者说放任商品法则的强力覆盖,不断稀释精英话语的浓度并将其挤向边缘。拉锯之中不无贬抑色彩的"炒作"当然成了当时的关键词。而以长时段的事后之名来看则是作为批判对象的"文化工业"转向作为吸纳合法性资源的"文化产业"预先操演的标本事件。差别只是在于彼时彼地还有要不要商品化的"价值争论",此时此地则变成了如何商品化的"方法推演"。对于包括纯文学在内的精英文化而言,"陕军东征"

---

① 白烨:《作为文学、文化现象的"陕军东征"》,《小说评论》1994年第4期。

文化传播的媒介景观

既是回光也是挽歌。

众所周知,"陕军东征"的命名得自传媒。1993年5月25日,《光明日报》第2版头条刊发记者韩小蕙的报道,这篇主标题为《陕军东征》的新闻有个不太多见的超长引题:"北京四家出版社推出陕西作家四部长篇力作:《废都》《白鹿原》《最后一个匈奴》《八里情仇》。文坛盛赞……"自此"陕军东征"广为人知成为话语漩涡,将不同社会主体成功卷入并成为争相运作的关键符号。接着"文学现象""文化现象"的思路,本节的目的在于将"陕军东征"纳入"媒介现象"的框架进行讨论,并试图以此为基础在更为普泛的意义上打开文学传播新的讨论面向。

一 作为媒介事件的"陕军东征"

媒介事件可以理解为媒介化的事件。"媒介事件"作为一个术语得以独立呈现的可能性在于媒介在现代社会中所扮演角色的重要性。在汤普森看来,媒介传播与资本主义、民族国家及军事力量构成了现代性的制度性维度。这四者分别发挥着符号权力、经济权力、政治权力与强制权力的功能。[1] 人是符号的动物,摆脱了面对面传播的现代性符号互动呈现出更多经由媒介来完成的特质,由此导致的结果就是文化泛媒介化,即文化的系统演变,知识和学习在现代社会变得世俗化,媒介工业兴起并日益成为符号权力的主要基础。[2] 媒介就此可以说与现代性进行着相互建构,而不是简单的社会现实的再现。从这个意义上说,"陕军东征"的出现就不简单是对一种地域文学现象"反射式"的命名传播,媒介也不仅只是发挥一种传声筒的工具作用,而是可以做出这样的认知反悖:即在与现实的对话中,媒介建构了"陕

---

[1] 马杰伟、张潇潇:《媒体现代:传播学与社会学的对话》,复旦大学出版社2011年版,第62—63页。

[2] John B. Thompson, *The Media and Modernity: A Social Theory of the Media*, Stanford, CA: Stanford University Press, 1995, pp. 46 – 52.

军东征"本身,并以主观化的方式把这一现实予以自然化从而使其得以客观化的面相固化于人们的认知之中。

媒介在现代社会中的中心地位日益凸显,这在李普曼的"拟态现实"、鲍德里亚的"仿像理论"中都可以找到论据。费斯克以同样理路认为"媒介事件"是指媒介(尤其是电视)化(mediation)的事件,这些事件的真实就部分依赖于其媒介化。这些事件都有其原生的真实事件触因,关键是这些事件在媒介化之后,其文化意义已经超越了原生事件。[1] 媒介报道事实,事实依托于媒介而存在。在不同社会集团以及个人有关事实认知的框架竞争之中,媒介框架缘于其广泛的社会影响而具有更强的比较优势,这就在很大程度上造成了只有经过媒介报道的事实才是事实,媒介没有报道的事实就不是事实的反悖,真实与不实之间的界限由此混淆或者消弭。对于"陕军东征"来说,事实的一端是若干陕西作家在京分别推出小说;事实的另一端则是这种不约而同的、弥散的事实被媒介以"陕军东征"之名整体概括定位并加以传播,因而其后就具有了超越事实原初的意义,得以迈向更深层次和更广范围的社会现实,实现霸权话语的生成。

媒介所传播的事实不可胜数,但大体可以分为两类。一类为对单个事实的呈现,这类报道的重心在事实本身,因而新闻就具有更多的被动性,事实是什么样就报道成什么样;另一类则是对超越单个事实的整体事实的勾连与组织、穿透表象系统运作,不局限于特定的时间与空间之中,这就需要新闻报道的主动性。新闻《陕军东征》显然属于后者,它缘起于记者参加《最后一个匈奴》作品研讨会,最早的提法出自一位至今难以考证的评论家之口。[2] 新闻没有使用常规的简讯文体,记者显然不满足于关于一次小说研讨会的个案报道,而是把笔触伸向了一个更为广阔的中观层面,通过统筹不同时空环境中的同类

---

[1] 刘自雄:《解析"媒介事件"的内涵》,《辽东学院学报》2005年第5期。
[2] 韩小蕙:《"陕军东征"的说法是谁最先提出的?》,http://www.people.com.cn/GB/wenhua/1088/2507992.html。

事实，建构并重组了单个事实并予以事件化。它的起效或者成功既有对文化传统心理、社会现实可能的深层体察与调动，也有对媒介传播特质自觉而充分地运用。

并不是任何事实都能成为"媒介事件"，这一方面取决于事实本身的分量，因为那些充满戏剧与冲突、事关全体、饱含宏大意象的事实更易受到媒介的青睐；另一方面也取决于媒介在报道事实中所采取的方式，加注标出即为策略之一。虽然是对研究电视节目后的发现，但美国学者戴扬和卡茨所确认的"媒介事件"对于认知媒介现象仍然有极大启发。在他们看来，"媒介事件"可以分为"竞赛""征服"与"加冕"三类，它们是"关于那些令国人乃至世人屏息驻足的电视直播的历史事件——主要是国家级的事件。这些事件包括时代的政治和体育竞赛；表现超凡魅力的政治使命；以及大人物们所经历的过渡仪式"。[①] 比照着来看，"陕军东征"意图激发并动员起人们关于三秦大地文学传统的想象，并进而以此作为资源完成再一次文化意义上的"挺进"：在一个经济滞后的内陆省份有关文化重镇及文脉不绝的神话叙事中完成再一次的"征服"。

媒介事件打破了大众传媒新闻报道的常规操作流程及方式，也改变了读者的接受方式，其所特有的"邀请"姿态，可以有效打破日常生活按部就班的节奏，打开一个灌注意义的缺口，把人们琐碎、无聊的日常生活陌生化，让大众成为这场"征服"的热情拥趸。"陕军东征"是一次成功的"媒介事件"，它通过一篇新闻报道把不同社会主体的热情成功卷入，并转化为意蕴各异的话语实践活动。

二　神话叙事的媒介仪式

就20世纪90年代初的媒介环境而言，电视一家独大、频道还没

[①] 丹尼尔·戴扬、伊莱休·卡茨：《媒介事件：历史的现场直播》，麻争旗译，北京广播学院出版社2000年版。

有充分细分、广播尚处于低谷、如日中天的都市报晚几年才会兴起、互联网刚刚接进国门常人根本难以触及，以各级党报为核心的纸媒紧紧掌控着舆论的话语权。作为以知识分子为读者的中央级党报《光明日报》具有浓重的思想文化色彩，《陕军东征》一经刊载即引起广泛关注。加之陕西地方媒体的推波助澜迅速使这一话题跨越文学圈子而成为社会话题。7天之后的6月1日，《陕西日报》在头版全文转载原文，没有改变标题结构及其表述方式。6月3日《西安晚报》在摘编原文的基础上以《陕西作家四部长篇在京出版》为主标题在头版进行了报道。

同年6月11日在《陕西日报》头版头条有关陕西省作协第四次会员代表大会闭幕的新闻中，"陕军东征"并没有作为一个独立的名词出现，而是被表述为一个较长的语段，"1993年，贾平凹的《废都》、陈忠实的《白鹿原》、高建群的《最后一个匈奴》、京夫的《八里情仇》、程海的《热爱命运》一齐出动，轰动了京城和整个文坛，展示了陕西作家的群体实力，也为三秦大地争了光"。关于陕西文坛过往十年回顾的这段的最后一句则饶有意味地把"陕军"换成"秦军"写到，"让秦军的旗帜在新时期的中国文坛上高高飘扬"，显见官方对"陕军东征"的提法降低了调门。①

从作家数量构成而言，"陕军东征"的作家有媒介最早报道的"四人说"、也有后来的"三人说""五人说"②，甚或"六人说""七

---

① 2013年12月9日"文学陕军再出发"学术研讨会在京举行，中国作协主席铁凝在讲话中指出，"整整20年前，陕西以集团军的阵势，集中推出陈忠实的《白鹿原》、贾平凹的《废都》、高建群的《最后一个匈奴》等长篇厚重之作，催生引发了当代长篇小说又一轮创作热潮，把长篇小说的艺术标尺，提升到了一个新的高度。"无论从会议主题还是领导讲话中，官方对"陕军东征"提法的回避同样可见。

② 作家程海在自述《陕军东征：往事备忘录》一文中特意指出"后来还有某几位居心叵测者，对'陕军东征'这件事又臆造出另外几种说法。一种说法是当年'陕军东征'是四人而不是五人。另一种说法是'三驾马车'三个人。好像凭一条舌头，就可以指鹿为马，重新创造历史似的。他们忘记了当今还是共产党领导，这五位作家的名字是省委副书记刘荣惠在讲话中提出来的，而且是在《陕西日报》公开发表了的。谁说话为准总该清楚吧"。参见《陕西日报》2013年6月25日第13版。

人说"①，而从最为普泛意义上来说应该是由陕西这方厚土上的若干代作家及其作品所组成的一个群体。媒体发挥了赋权命名、地位授予的功能，经由不同社会力量的介入运作及广为传播，在"陕军东征"这样一个"中心明确、边缘模糊"的概念宰制下，它本身是什么已经退居其次，重要的是人们如何看待。"陕军东征"之名与"陕军东征"之实变成了两个相对独立的事情。媒介就此建构了一个有关文学现象的神话。而神话之所以可能，就是每一个参与主体都能从中获益，对整体福祉增进大有裨益，而不会有损于任何一方。

人类之所以需要神话跟其自身的无力与无奈密切相关，神话是"念击于物"的产物，它是人类迎应生存困境的言说。神话中的事，常人在现实生活中常常难以际遇；神话中的人，则往往具备了凡人所没有的品性。神话一方面满足了我们的期待与想象，填补了现实生活中的缺憾；另一方面我们也往往为神话所召唤，通过现实的或者想象的方式加入其中。"从这一点上，作为叙述和建构新近发生的客观事物的新闻话语与神话也同样殊途同归，那就是它们都是对各种各样的原初事实、对纷纭复杂的社会现象进行尽可能的自然化的诠释"②。有鉴于此，"陕军东征"就是媒介所建构的神话，这一神话一方面在纵向上打通了人们有关秦地以诗词歌赋、史传文学为肇始的上起周秦、中经汉唐直至近现代以来延安文艺、新中国成立后不同世代作家相传赓续的文学传统。③"由于特殊的历史地理因素，陕西这个地方时常会充当民族寓言的叙事空间，一说到黄土高原或者是关中平原，往往就会联想到周秦汉唐，想到整个传统中国"④；另一方面也在横向上成功

---

① 旻乐的《赝品时代——关于"陕军东征"及当代文化的笔记》中提到的分别是有陈忠实、贾平凹、高建群、京夫、程海和老村；由白烨与白描编选的《陕军东征小说佳作纵览》一书收录的陕籍作家有陈忠实、贾平凹、京夫、程海、莫伸、高建群与杨争光七位。
② 曾庆香：《新闻叙事学》，中国广播电视出版社2005年版，第158页。
③ 周燕芬：《当代陕西长篇小说的代际衍变与艺术贡献》，《华中师范大学学报》2004年第1期。
④ 李云雷等：《白鹿原：如何讲述中国故事》，《文艺理论与批评》2012年第6期。

调动有关社会主体出入其间，使其脱离原初意义而成为品牌符号资源。

　　媒介讲述着各种各样的神话，我们在神话之中释放焦虑安置灵魂并形成对世界基本的看法。在各种传统的或者现代的仪式中，媒介仪式是神话建构的主要方式之一。在詹姆斯·凯瑞看来，传播实质上是"以团体或共同身份把人们吸引到一起的神圣典礼"，其目的是为了"建构并维系一个有秩序、有意义、能够用来支配和容纳人类行为的文化世界"[①]。在仪式之中，人们达成团结并从中寻找到认同的根源，形成休戚与共的心心相连，内部的差异或者说分歧得以暂时掩盖。联系当今媒介现实而言，电视新闻的立体呈现、选秀节目的遍地开花、剧集的季播轮换、各种排行榜的甚嚣尘上无不进行着仪式化的展演，"陕军东征"只不过是在我们这样一个现代性发育迟缓的社会中所上演的媒介仪式的预告。

　　媒介仪式就是"广大受众通过大众传播媒介参与某个共同性的活动或者某一事项，最终形成一种象征性活动或者象征性符号的过程"[②]。仪式是对常规生活的一种暂停与放慢，人们需要通过改变节奏与秩序进行生活方式的调适。有关电视的论述同样适用于我们讨论由纸媒引发的"陕军东征"，"从电视收视的某种'仪式化'形式，到人们谈论电视上的内容，再到这样的场景：假若人们告诉我们，刚进入房间的是某位电视名流，我们会'不由自主地'更加关注"[③]。事实层面的"陕军东征"并不是一种社会仪式，然而随着媒体对"陕军东征"传播复调的构成，演化为一种聚合的仪式化的报道方式，这从它被周期性地忆起并讲述得到印证。"陕军"通过一种象征的誓师仪式实现了聚集，鼓动发动了一场行将展开的文学征伐。

[①] 詹姆斯·W. 凯瑞：《作为文化的传播》，丁未译，华夏出版社2005年版。
[②] 孙信茹、朱凌飞：《都市中的"媒介仪式"——文化人类学视野中的媒介传播研究》，《全球信息化时代的华人传播研究：力量汇聚与学术创新——2003中国传播学论坛暨CAC/CCA中华传播学术研讨会论文集》（上册），2004年1月。
[③] Couldry, N., *Media Rituals: A Critical Approach*, London and New York: Routledge, 2003, p.57.

三 革命修辞及其幻象呈现

修辞是对真理的服从性解释，"作为言语形式，赋予语言的世界以审美化的构形，让语言描述的现实以非现实的幻象形式投射于主体的意识中"①。宽泛言之，我们就生活在一个由修辞所构筑的世界里，举凡城市景观、空间营建、机构陈设、着装言谈、符号文本无不是修辞表达的结果。因而可以说致力于增进体验与分享意义的传播本身就是一种修辞活动，传播即修辞。报刊新闻是通过文字对现实世界的再现，如果承认没有脱离主观的客观，就应该看到新闻所标榜的客观与中立难以经得起推敲。新闻实践中充斥着或隐或现的修辞痕迹，前者密集呈现于为党派利益代言的宣传之中，后者则以所谓客观化报道的面目出现在受众面前，将立场深深埋藏起来，"以反修辞之名行修辞之实"②。从这个意义上说，修辞、传播与新闻就找到了共同点。

作为一篇刚过千字的非事件性消息，《陕军东征》选用了一个与军事及争斗密切相关的革命修辞以增强话语的"激烈性"及"戏剧性"；新闻结构采用了"总—分—总"式，先总揽全局而后分段对《废都》《白鹿原》《最后一个匈奴》与《八里情仇》四部作品分别予以简介点评，最后从整体上阐明意义；表达方式以叙述为主，辅以议论；语言上介词与副词的过多介入让报道失去了轻快、明晰而略显滞重；个别概念的使用不够准确。然而，文本细部的技术问题相对于通过动员集体记忆与个体记忆两个层面资源所建构起的新闻修辞，及其给读者所提供的想象空间而言都显得不再重要。

通过观念考古，被宏大意象所遮蔽的历史细节往往会浮出水面，"20世纪中国思想界最宏大的现象，莫过于革命话语的兴起与泛滥"

---

① 谭学纯、朱玲：《广义修辞学》，安徽教育出版社2001年版。
② 刘亚猛：《追求象征的力量：关于西方修辞思想的思考》，生活·读书·新知三联书店2004年版。

"几乎没有一个社会生活领域可以逃过革命的入侵"①,"革命"话语长时段进入日常生活层面成为人们日常会话的"集体无意识","从而更为牢固地将革命与现代民族国家捆绑在一起,以实现国家的进一步的现代化"②。

这种"集体无意识"深植于人类起源的神话之中,历经各种知识、权力的介入沉淀为人们认知世界的基本"图式"和观念建构、表达的"原型"依据,因而往往可以动员起更广泛的情感共鸣。"陕军东征"作为一种媒介修辞之所以引起巨大反响的原因正在于此。身处历史文化结构之中的书写者勾连早已深入人们认知情感深处的争斗"原型",唤起的是社会各个主体的参与表达。生物学家认为"战争"源于人的好斗天性,通过各种战斗或者类战斗人们才能释放体内的能量,"陕军东征"通过激活这一原型实现了修辞表达③,真正的战斗显然已经不合时宜,通过体育、通过竞赛,同样通过意义角逐来占据主动进而确立霸权就具有了合法性。

革命与战斗总是与成败相伴,从《陕军东征》新闻文本的细部来看这就具有了悲壮色彩,原文里说"他们这四部力作的问世,对于去年连失路遥和邹志安两员大将的陕军来说,具有特殊的重要意义,一扫文坛的悲观情绪,显示出陕西作家群依然是全国最强悍有力的创作群体之一"。以"军队"隐喻文学流派,既是形象化的修辞表达,同时也有就作品的文学性而言有对其"变革""革新"的认知及肯定。这在有关现实主义文学观念的流变,"性描写"的讨论中都能见到。

尽管对于出处没有异议,但此后的不少研究者在行文中就新闻标

---

① 金观涛、刘青峰:《观念史研究:中国现代重要政治术语的形成》,法律出版社2009年版,第365页。
② 杨厚均:《革命历史图景与民族国家想象:新中国革命历史长篇小说再解读》,湖北教育出版社2005年版。
③ 尽管也有对"陕军东征"的提法不以为然的看法,并有"陕军东进""陕军东渐"等替代性表达的建议,但后述这些修辞表达显然没有激发起社会公众的热情。

题的引述却变成《"陕军东征"火爆京城》①，显然是依葫芦画瓢，道听途说，并未就新闻本身做出审视，以致以讹传讹。但这也从另外一方面反映出了"陕军东征"的修辞成功，这样一个简约而不简单的四字表达中，媒体实际上为广大读者营造了一个巨大的"修辞幻象"，收到了共同在场与共同体验的效果。在新闻的真实再现之中，绝大多数人是置身于现场之外的，这就决定了他们必须通过对新闻编码的解码来实现对现实的理解，言语在对现实的切割、组织与包装让新闻事实上升成为一种修辞表达，"当人们通过语言来认知一个对象的时候，对象的现实状况往往被遮盖了，真实的对象可能在语言中提升、压抑或者变形"。从剧场景观的视角来看，修辞幻象是"能够将一大群人带入一个象征性现实的综合戏剧"。② 就"陕军东征"来说，原本实际分别召开的作品研讨会、分散于不同时间出版的小说以集体性的方式出现看起来就成为策略一致的修辞活动；作家、作品、读者、媒体、出版社、杂志社经由这一概念卷入巨大的修辞情境之中。

"陕军东征"之反响，既有对20世纪80年代文学黄金时代的沉湎与唤回，也有驶上市场轨道的出版社、书商与杂志社、媒体之间的合谋推动，更有一个文化大省再现重镇气象的整编扩充。"陕军"之后，这一媒介话语不断处于传播增殖之中，基于地域作家流派的中国文学的"方面军"纷纷成立先后征伐③，但均未取得"陕军东征"之效应。自20世纪90年代以来，文学空间发生了深刻裂变与转型，媒介在现

---

① 如王艳荣的博士论文《1993：文学的转型与突变》，董斌、郑莉的论文《"陕军东征"的文学传播意义》，这种情况更是普遍存在于后来综述性、回顾性的新闻报道之中，如《西安晚报》2008年12月19日的《"陕军东征"震动中国文坛》引述这一事件时就用了《"陕军东征"火爆京城》的表述方式。

② 欧内斯特·鲍曼：《想象与修辞幻象：社会现实的修辞批评》，王顺珠译，见大卫·宁等《当代西方修辞学：批评模式与方法》，中国社会科学出版社1998年版，第81页。

③ 相关表述可参见东北新闻网、黄河新闻网、《新周报》、文学湘军网、《大众日报》《中国新闻出版报》、新桂网、东方艺术网、《人民日报》《南方日报》等媒体的报道，评论家韩石山曾以《粉碎中国作家的"军事"建制》一文对这一现象进行批评，见《文学自由谈》2005年第2期。

代社会中保有的符号权力日益扩张和提升，相比于颂赞、争议或批评而言，大众传播一环的无声或者失语才是最为可怕。

第三节　西安城市影像的三重叙事

城市及其形象互为关联但又不同。城市是具体的生活场景，城市形象则是人们经验想象的指归。前者可以用各种技术指标予以参透与定位，后者有赖于城市与认知相遇时产生的多向互动。城市是一回事，城市形象是另外一回事。

"漫长的中国历史上，可以被聚焦的重要城市很多，重中之重，前期是西安，后期是北京。"[1] 关于西安的历史言说及其想象文本不计其数，她有四千多年的建城史、一千多年的建都史[2]，从周秦汉唐一路走来，古长安——大西安呈现出了复杂、多元的城市形象。

从空间的视角重组关于中国历史认知，乡土中国向城市中国的变迁是一个明显的表征。如果说传统的城市形象多来自于书写文本的话，那么现时最有影响力的城市形象系于影像文本的播散。本节选择近年来西安城市典型的影像文本，通过对其叙事方式的分析为社会转型时期的中国城市形象提供新的参照与注脚。

一　传统/现代观照的发展叙事

2011年国庆，央视新闻频道《新闻周刊》播出了《城记·西安》的特别节目。上海世博会、广州亚运会期间《新闻周刊》节目都有类似的操作，从个体视角来阐述城市发展。2011年正值世界园艺博览会在西安举行，以此为背景与由头，《城记·西安》讲述了五个故事来反映西安城市的新近变化与走向。这五个故事分别是，台湾人李幸娟

---

[1] 陈平原等：《西安：都市想象与文化记忆》，北京大学出版社2009年版。
[2] 黄新亚：《三秦文化》，辽宁教育出版社1993年版。

文化传播的媒介景观

定居西安及其新作《西安美食地图》的出版，秦俑发现人杨志发老人的生活近况，西安本土黑撒乐队的"秦腔摇滚"，西安交通大学"钱学森班"培养创新人才的实践，以及作家商子雍关于西安城市文化品格的访谈。

  作为著名的"记者型主持人"，白岩松也为他主持的《中国周刊》打上了明显的个人色彩，那就是冷静、客观的叙述，注入知识分子的人文情怀，保持有限度与适量的批判。在这个意义上说，有论者就把《新闻周刊》归为"精英型"的新闻杂志。[①]《新闻周刊》"低调门"的社会问题思考，与《焦点访谈》聚焦于个案的"舆论监督"显然取向相异，在担负着党和政府重要宣传任务的央视，后者是主导文化的复写，前者构成了准精英文化的言说。

  当西安影像出现在《新闻周刊》上时，就自然成了一座城市与一本电视新闻杂志对话、调适的结果。编排的五个故事涉及了美食、旅游、音乐、科教与文化等多个类型，从"软新闻"入手试图勾勒出西安城市形象谱系里的暖色调。西安的街景、人流、车流、市井等各种浓郁地方文化符号的穿插，构成了这期节目主要的叙事策略——这座城市有旧的一面，也有新的一面，在新旧的接续与混搭间涌动的是浓浓的"日常生活美学"气息。

  自唐以后作为区域政治文化中心，西安在历史中国上的风华绝代就已经成为记忆而不是事实了。到了近现代，不沿海不延边的现状让城市转型的步伐也缓慢了起来。西安所处的关中腹地，自古就是沃野千里、衣食不愁，但也让生活在这里的人们养成了小富即安、不思进取的生存哲学。曾经帝都的自大，现实落伍的自卑，性格就在这二者之间摆荡。贾平凹与一位上海看门人的对话显影出西安在一般外地人心目中的印象，"他知道了我是西安人，眼光从老花镜的上沿处盯着

[①] 杨菁：《塑造电视新闻的"精英气质"——央视〈新闻周刊〉传播特点分析》，《现代视听》2007年12月。

我，说：'西安的？听说西安冷得很，一小便就一根冰拐杖把人撑住了?!'我说冷是冷，但没上海这么阴冷。他又说：'西安城外是不是戈壁滩?!'我便不高兴了，说，'是的，戈壁滩一直到新疆，出门得光膀子穿羊皮袄，野着嗓子拉骆驼哩！'他说：'大上海这么大，我还没见过骆驼的呢。'"[1] 与普通大众的"偏见"相比，"厚重质朴"则是学者们对于西安城市的共同看法。

与此相比，《城记·西安》中的西安完全是一副旧貌换新颜，特别是经过21世纪以来十年的发展，就连本地居民也不得不慨叹她的日新月异。[2] 通过外来成功者李幸娟指认西安城市面貌的巨变，杨志发所在杨村改建为秦俑新村，方言摇滚得到越来越多年轻人的认可，而不再被视为俚语，西安科研院校培养人才的创新、实验，以及西安城墙内古建筑的拆毁及高楼大厦的兴起等，一个新的西安形象被渐次建构起来。

西安城市的发展变化可视为中国城市的一个代表并隐喻着历史中国城市文明的复兴。《新闻周刊》的言说方式，实质上指向了改革开放持续推进所取得的成就，只有发展了，一座东方古都才会焕发出新的光彩，一种不断进步的时间意识得以确立。包括西安在内的中国城市，就此被纳入到"发展主义"的意识形态框架并服膺于这样一种信念，即经济增长是社会进步的先决条件[3]，城市繁荣的前提基础。

需要指出的是，《城记·西安》的发展叙事显然要在一种修正了的或者说新发展主义的观念下来看待，正如该期节目所播出的时间——世界园艺博览会在西安的举办逐步进入高潮一样，它展示了一种"绿色引领时尚"下的新的城市形象，是对传统城市发展模式的一种改变。《陕

---

[1] 贾平凹：《老西安》，中国社会出版社2006年版。
[2] 2010年6月12日召开的大西安总体规划发展战略研究国际论坛上，"国际化大都市"成为西安新的城市发展目标。近年来有关西安战略定位的另一个热词是"大西安"。
[3] 许宝强：《发展主义的迷思》，《读书》1999年7月。

西日报》就把西安世园会的意义概括为：重返全球场景、复活盛世记忆、诠释天人长安、兑现城市价值、沟通多元文化、提升社会管理、践行科学发展、共享民生福祉、引领未来城市。[①] 而《城记·西安》对于曲江文化发展模式的审视，临近结束的旁白"西安与别的城市没有了两样"，正是在对"发展"的坚持与反拨中提出了关于城市未来的思考。一个发展了的城市与一个向什么方向发展的城市是同等重要的问题。

二 中心/边缘视角的底层叙事

当1992年中国重启经济改革的历程之后，带来了物质生活的极大满足与丰富，城市形象发生了天翻地覆的变化。2008北京奥运会前，美国著名专栏作家弗里德曼游历京沪一线城市后，坦言就观感而言与纽约等大都市无异。在自由派的论述中，市场是一种解放的力量，而城市是人们实现梦想的平台，城市文明则意味着一种更高形态的文明。然而，市场经济终究是"能人经济""强人经济"，就常人、世俗意义上的"好人"而言，他们所生活的空间与体验则大相径庭，左派就此形成了另一种城市叙事。

兴起于21世纪之初的底层叙事正是关注平等与正义的左派理念的延续，底层叙事所关注的那些经济上没钱、政治上被排挤以及文化上不能自我表达的群体，让人们看到城市光鲜一面背后的残酷。这与浸淫于"盛世叙事"的大众经验格格不入。《苦力大军》就提供了这样一个底层叙事的西安文本。

《苦力大军》是凤凰卫视《冷暖人生》栏目2012年春节前播出的一期节目。这期节目经过2005年2月与2012年初两次采访，相隔7年制作完成，讲述了西安市北郊西铜高速路口一群以"下水泥"为生的苦力的悲喜人生。供应西安城市建设的水泥大部分来自西安北部的

[①] 陈艳等：《西安世园会启示录》，《陕西日报》2011年10月21日第9版。

铜川等地，7年前的张家堡、7年后的草滩高速出口就成为苦力们等待水泥货车的地方。从每趟活十几块到五六十块还难以应对物价上涨，从加入等活大军的苦力越来越多僧多粥少，从挣不到钱就露宿街头酣睡车顶，人们看到了城市化浪潮所带来的另一道灰暗景观。

中国目前的城市化水平已经超过50%[①]，当有一半中国人进城生活之后，城市开始真正成为我们关注的焦点。对于没有多少经济资本、文化资本以及社会资本就进城打工的农民来说，要想在城市中站稳脚跟，艰难程度可想而知。城乡资源分配的巨大差异、二元体制还没有从政策上打破，都给包括苦力们在内的农民工造成巨大障碍。改革开放从增量阶段即利益共享阶段进入到了存量阶段[②]，即不同利益群体的痛苦博弈，作为底层群体一部分的苦力们就被"排斥"在了这个受益范围之外。[③] 加之，由于底层群体本身并不掌握话语资源，因而就鲜见于日常影像中，变成一个被人们忽视的群体。

苦力们等活及卸货都是在夜间，也因为《冷暖人生》播出的《苦力大军》的叙事基调，节目从整体画面上再现了夜色之下的人与事，苦力们的生活并不如国家的经济增长而有同样的提高，反而如无边无尽的无望一般尽管跨越七年而不得穿破。黑暗是属于他们的，而成功人士占有的是聚光灯下的光明；发展是占据中心的主流叙事，而他们是不合时宜的"掉队人"；"城市让生活更美好"，越来越大越来越美，而他们是被边缘化并越撑越远的"隐匿者"。

全球化构成了《苦力大军》隐在的叙事背景，自20世纪80年代开启新一波的全球化，经济成为主要的驱动力与先行者，民族国家的边界被踏平，全球分工体系日渐形成。而中国则处于全球产业链的末端，简单说来就是不能通过高科技的附加值及金融衍生产品来获利，

---

① 汝信、陆学艺等：《社会蓝皮书：2012年中国社会形势分析与预测》，社会科学文献出版社2011年版。
② 张明：《中国经济改革由增量阶段进入存量阶段》，凤凰网，2010年8月10日。
③ 石彤：《中国社会转型时期的社会排挤》，北京大学出版社2004年版。

只能通过劳动密集型的投入来吸引投资并获取发展资本。西安作为内陆城市，参与全球分工的程度较低，自然也就不具备像某些东南沿海城市那样被指责为"血汗工厂"的可能，但人们分明看到，"苦力大军"就是站在全球产业链的最低端的入口，除了出卖身体，他们并没有其他东西可以出卖。在由苦力们所卸载的水泥所浇筑的高楼大厦面前，人们还会想到，这座城市除此之外还需要更多的核心竞争力。

为挣儿女每月五六百元生活费的戈贝云、妻女病在家中的商洛、下岗工人王长贵、觉得"稳当"不会被拖欠工钱的31岁的韩俊才，在《苦力大军》里，西安不再是拥有辉煌的历史、灿烂的文明、蓬勃的发展、繁荣的街景的地方，而是底层群体挣扎其间的空间所在。唯一的希望是苦力们没有目标的坚持与坚毅。

三 迁延/柔化理路的戏谑叙事

城市电影一方面被视为关于城市的想象与记忆；另一方面也是地域文化的影像文本。旧中国时期的上海电影，20世纪80年代后的香港电影，《顽主》《洗澡》等北京电影都在不同时代达到了城市电影的不同高度。"城市是电影关注的空间，电影对城市的记录与想象又促成人们对生活于其间的城市的重新认识，在某种意义上，城市是经电影塑造而成的环境"[1]。一定意义上，影像建构了城市形象。

西安是"西部电影"浪潮的降生地，当年风骚一时的西部电影的叙事空间主要还是乡土，西安城市成为电影影像的生发空间直到近年才变为事实。2009年上映的《高兴》可视为西安城市电影的典型文本。

电影《高兴》改编自贾平凹的同名小说，讲述了一个来西安拾荒的农民刘高兴的城市生存故事。从"废都"到"废乡"之后[2]，小说

---

[1] 路春艳：《城市电影：关于城市的想象与记忆》，《北京社会科学》2008年4月。
[2] 张英：《从"废乡"到"废人"——专访贾平凹》，《南方周末》2007年10月19日。

《高兴》延续了贾平凹的现实主义创作风格，表现了农民工城市生活的艰难与残酷。作家为创作这部小说曾经与拾荒者们同吃同住，倾注了对于农民命运的深层思考，因而小说《高兴》被不少评论者纳入了"底层写作"的范畴进行讨论，从整体美学风格上说它是"悲凉"的。

反观电影《高兴》则完全采取一副"戏谑"的姿态，讲述了"破烂王"刘高兴梦想成真的传奇。从类型上讲它是歌舞喜剧片，从明星整容上看它则请来了因《疯狂的石头》而出名的演员郭涛与黄渤，以及西安本土演员苗圃。小说《高兴》被改编为电影《高兴》被认为是"成功"的[1]，但是，严肃的现实思考已经变成了浅表的娱乐搞笑。这并不能责怪导演阿甘的取向，而是与商业电影的类型要求、大众文化的媒介特点、电影审查管制机制以及整个时代的政治文化走向有着密切关联。现实主义的影视剧作品不能顺利地走向市场、拥抱观众，小说《高兴》的解体与变形就不可避免。迁延小说对于农民工命运的书写，柔化人与现实间坚硬的冲突正是电影《高兴》取得所谓成功的奥秘所在。

正因为现实过于沉重、正因为电影有票房考量，人们在电影《高兴》里看到的是一个轻松的爱情故事。而这个故事发生的地方同样是在西安。西安是电影中刘高兴拾荒并试图立足其中的地方，从叙事空间景观而言，电影里的西安呈现出的是两个不同的世界，一方面，它是高楼大厦、车水马龙、橱窗透亮以及时尚人士穿梭的现代都会，成为改变人们都市体验的"第三空间";[2] 另一方面，则是刘高兴们收破烂的生活空间，凌乱、不洁甚至凋敝。为了不让整个影片的风格过于滞重，这些粗糙的生活环境经过刻意的美术场景设计反而呈现出了一股诱人的后现代气息。

现代景观、前现代景观以及后现代气息的电影影像建构起了奇异

---

[1] 孙新峰:《一样的时代情绪,不一样的〈高兴〉——小说〈高兴〉和电影〈高兴〉对读》,《宝鸡文理学院学报》2009年8月。
[2] 马杰伟:《酒吧工厂:南中国城市文化研究》,江苏人民出版社2006年版。

的西安城市形象。这种形象既不同于《城记·西安》中的明丽,也异于《苦力大军》中的生硬,而是呈现为两级影像的一种拼贴,恰如"拼贴城市"已经成为论者指责的对象,在这两种景观之中难以见到沟通与转化的可能,城市缺乏"可沟通性",表现出的冷漠、拒绝与隔离,"刘高兴们"进城生活之路上横亘着各种障碍。[①] 后现代与底层并至的景观,实际上是消费主义与欲望放纵的畸形后果,电影就此抽空了小说的沉重思考,以戏谑化的方式延展了西安城市形象的谱系。

电影音乐元素方面,消解主流价值观念的《起得比鸡早》与赞颂家乡风土的《陕西美食》等摇滚乐同时混搭,显示了电影作者五味杂陈的思考与调性。主人公刘高兴驾驶着自制的飞机飞越古城并因此让他的朋友得以起死回生,他的梦想实现了,电影也就在一种荒诞、戏谑的氛围中结束了。

如果放宽视角把电视剧影响纳入讨论的话,我们能看到一种审美风格的转换。1990年以来几部以西安为城市空间的电视剧则刻画出另外一种西安城市形象,这些电视剧分别是《西安大追捕》《12·1枪杀大案》《谁是真凶》与《软弱》等。从类型上它们都可以归结为警匪题材,但更具有现实主义的风格,复杂离奇引人关注的情节固然重要,但更具有群体性审美共性的是它们采取的纪实摄影风格,几乎没有经过后期加工而呈现出的西安影像叙事——坚硬、生冷、深沉而又蠢蠢欲动,亦如这座城市所处的黄土地一样散发出一种独特的景致。

21世纪以来还有两部引起关注的电影是以西安作为叙事空间的——成龙主演的《神话》与好莱坞商业大片《木乃伊3》,这些影片按照西方的想象,在"东方主义"的观念下勾勒出了一个具有史诗意象的西安影像:雍容、宏大、壮丽,往往成为历史走向的关键。

简单梳理一下就能看到,从电视剧中"坚硬"的西安、到好莱坞电影中"史诗"的西安,再到了电影《高兴》中西安城市的"戏谑"

[①] 王春泉:《"曲江——西安模式"面临新的选择》,《西部大开发》2011年11月。

再现，西安城市影像叙事多变，城市形象多元复杂。

城市影像重构了城市形象，影像文本的大量累积是"视觉转向"[①]的文化表征，生动与直观的城市影像建构了城市形象、也塑造着人们的城市想象。西安城市在发展叙事、底层叙事与戏谑叙事的多维展开中聚合成复杂的形象谱系。

除此之外，"历史—文化"连贯的人文叙事是西安城市形象一直就存在的言说方式。西安城市人文叙事的书写文本构成了庞大的遗产，且不说汉赋唐诗中的长安书写，辑录并出版于2009年的《西安：都市想象与文化记忆》就提供了新近的材料，如辛德勇的《〈冥报记〉中报应故事中的隋唐西京印象》、胡晓真的《夜行长安——明清叙事文学中的长安城》、宋伟杰的《古都、朱门、纷繁的困惑——林语堂〈朱门〉的西安想象》等依然是历史/文化脉络延续。2009年由陕西省委宣传部推出的电视纪录片《望长安》就是西安城市人文叙事的经典影像文本，纪录片分八集叙写并深掘出西安城市一以贯之的人文气息。

一样的城市，不一样的形象，影像时代的西安折射出多彩的光谱。

第四节 文化走秀、红包狂欢与仪式生活的重构

智能手机是地球人的标配，而微信是中国人的标配。个体的人患上间歇性刷屏症，难再独赏风景或掩卷沉思；约会男女间明显多出个"第三者"，长时段的呢喃私语变得没有可能；欢聚的人群则经由"圈"或"群"的现场直播，在时空并置中实现着欢聚；遍地开花的公众号走进"超市"被归类摆放进行筛选，表达与选择自由的幻象似乎瞬间降临：这是典型的生活场景，也是别样的文化实践。

尽管互联网进入人们生活是世纪之交发生的事情，但只有移动传播的出现才真正具有革命性意义。莱文森在成书于2009年的《新新媒

[①] 周宪：《视觉文化的转向》，北京大学出版社2008年版。

介》中认为手机具有"使我们能随时、随地、随意使用新媒介和新新媒体"①的"移动"特性,如果他把彼时之后兴起的微信等移动媒介纳入思考范围的话,有关"手机"的论述或许对"微信"更为明显而恰切。人既生活在现实之中,也生活在观念世界。世外桃源是梦寐以求的乐土,微信则是向世人敞开的虚拟世界的端口,通过私信、朋友圈、微信群与公众号四大通道的建立以及与由"钱包"所统领的生活服务功能整合,它逐步建立起一个完整的生态系统并导入庞大人流成为新的意义世界,"微信呈现了一种公域与私域、现实与虚拟、线上与线下混杂互嵌的移动场景,也由此开启了人类一种崭新的存在方式"②,无论从可见的当下还是可期的未来而言,用手机很大意义上意味着打开微信。

波兹曼说"诸位应当记得你第一次认识微生物培养皿(petri dish)时,媒介因而被界定为文化在其中成长的物质(a medium was defined as a substance within which a culture grows)"③,显然,已经没有人会简单地认为媒介就是听命于人的手段与工具,媒介构筑了我们赖以为生的环境,重构着人们的文化空间与仪式生活。

一 朋友圈与文化走秀

微信朋友圈是群体社交的秀场,通过线下熟人关系的网络迁移,建立起亲密的虚拟在场。以传播而言,微博是弱关系群落而微信为强关系聚集,微博与微信虽只有一字之差,但后者的后来居上导源于对多层次传播需求的充分满足,微博是媒介的社交化,而微信是社交的媒介化。④ 库利将社会群体分为"次级群体"和"初级群体"两类,

---

① 保罗·莱文森:《新新媒介》,何道宽译,复旦大学出版社 2011 年版,第 188 页。
② 孙玮:《微信:中国人的在世存有》,《学术月刊》2015 年第 12 期。
③ Postman, N., *The Humanism of Media Ecology*, in C. M. K. Lum (Ed.), Perspective on Culture, Technology and Communication: The Media Ecology Tradition, pp. 61 – 70, New York: Hampton Press, 2006, p. 62.
④ 张颐武:《"四跨"与"三改":"微生活"新论》,《探索与争鸣》2014 年第 7 期。

相对于"次级群体"的弱关联,"初级群体"具有亲密的、面对面交往与合作特征,这是"人性的养育所",在形成个体的社会性和思想观念等方面起着决定性的塑造作用。社交活动呈现出的强关系偏好延续到了虚拟世界里,微信的成功之处就在于它成功导入业已存在的作为熟人群体的QQ联系人和手机通讯录联系人,建构起了完整意义上的社交生态,建构起虚拟世界"初级群体"跨越时空的实时动态呈现。

传统意义上的社交以肉身在场来完成,无论工作、会议与欢聚中的对象数量总有所限制。朋友圈则创造了一种全新社交体验,它以每一个体为中心所建立起来的相互重叠的"圈子"具有虚拟共同在场的特质,这个圈子是以初级群体为主并辅以次级群体的人群构成。戈夫曼的戏剧论将人类的社会活动区分为受制于情景、道具和台词来进行表演的"前台"与有更多本我呈现的"后台","前台"活动依照写就的剧本来完成,人们的表演行端赖于场景与剧情的规约,身处"前台"中的人们难以承受"演砸了"的后果,表演者与观看者间积极有效的配合是表演完成的基础,二者的关系处于时时调换中,从这个意义上说包括朋友圈社交在内的各种社会活动就具有浓重的表演意味。

人类学家谢克纳说"当我在街上只是行走的时候,我不是在表演;但是当我走给你们看的时候,这就是表演。我在表演走路。街上有许多人并不是有意识地展示走路,但就因为有你或者有很多人在观看,那么你和那些观看的人就把他们的走路变成了表演"。[①] 这意味着"表演"或者"走秀"总是经由他者的观看注视下来完成,朋友圈中的观看者通过点赞、评论与转发的方式构成了表演主体的他者存在,即便不留下显在观看的痕迹,表演者心中也确信自我图文的内容更新面向潜在的观看者,并且朋友圈中的观看行为相比于现实世界而言不受时空和方式的限制。

---

① 《什么是人类表演学——理查德·谢克纳教授在上海戏剧学院的讲演》,孙惠柱译,《戏剧艺术》2004年第5期。

文化传播的媒介景观

作为身处错综复杂社会关系中的个体来说,较为关心或者易受影响的就是与其联系较为密切的那个群体。个人生活片段的展示、观点意见及情绪的表达是朋友圈中的主要内容,互联网世界本就存在的自拍党、晒娃党、吃货党、鸡汤党、养生党、旅游党、健身党、拉票党与求赞党等族群在朋友圈中有了更为多元的表演形态,演绎为文化走秀。相对于微博名人或者名人微博的粉丝动辄成百上千万,朋友圈传播强关系的存在,让每一位表演者的目标对象更为明确而具有针对性,观看者能够看到的实际上也是想被看到,属于"前台"表演。文化走秀的策略是施展印象管理术,社交活动中的人总是要把自己光彩美好的一面展现出来,朋友圈个体生活片段的展示是精心挑选与设计的结果,各种美图工具的火热运用对于文化走秀是生动的注脚。既然网络时代的"遗忘权"难以确立,它为每个人建立起虚拟世界的完整档案,那么出入其间的每一次表演看似随意实则必须小心翼翼。

形象和文字都是文化走秀的手段,不同的是形象面向所有人无差别开放的,朋友圈中的图片、视频与表情符号是与社交对象建立亲密互动关系的努力;而观点与情绪的文字表达则意味着区隔,它通过对社交对象的拉近或者推远来实现朋友圈的重组,两种媒介符号的运用让一场场文化走秀共同建构起主体的自我形象。

从文化人类学角度而言,"交换与共享"是一种典型的仪式行为[1],朋友圈的分享链接是仪式生活的媒介延续,同样是表达观点,微信群中是以虚拟的个人主体现身,而在朋友圈中则更多以分享链接的方式来完成,这具有多重意涵。第一,分享链接通过转发其他公众号或者移动客户端的内容来进行观念表达,并且其中相当一部分内容的作者是专家学者,这就为个体的观念表达增强了说服力;第二,分享链接并不意味对所转发内容的赞同,其中留存着协商修正再评价的空间,但至少说明该话题进入了转发者的思考域或者说暗合其心理期待;第

---

[1] Bell, Catherine, *Ritual Perspective and Demensions*, Oxford University Press, 1997, p.94.

三，朋友圈中的转发具有思想游牧的特点，相对于特定主导舆论形成了替代性表达，这让文化走秀具有了仪式抵抗的意义。

朋友圈中的文化走秀是个体的自我呈现，显见的方式是图文更新上传，而隐见个体则以从不更新或甚少更新朋友圈的"静默在场"完成另一个意义上的自我呈现。希金斯曾将"自我"区分为现实自我、理想自我与应该自我，"现实自我"是指个体自己或他人认为个体实际具备的特性的表征，"理想自我"是指个体自己或他人希望个体理想上应具备的特性的表征；"应该自我"是指个体自己或他人认为个体有义务或责任应该具备的特性的表征。[①] 互联网发展初期匿名的网络环境可以使人构建区别于现实自我的形象[②]，而基于家人、朋友、同事与其他熟人关系所建立的朋友圈限制着自我身份的重新塑造[③]，如果说朋友圈中显在的文化走秀表征着理想之我与现实自我的呈现的话，那么隐在的文化走秀则意味着个体的现实自我与自我导向之间的差距，自我导向或是理想自我或是应该自我。自我差异正是隐在文化走秀的指向所在。文化走秀的隐在比显在指向着更大的自我差异，表演本身就是一种表演，秀场的缺席是另外一种意义的自我呈现。

二 微信群与红包狂欢

被称为"新民俗"的央视春晚创办于1983年，自那时起每到除夕之夜全家围坐在电视机旁跨年逐渐成为习惯。电视担负起构建想象共同体的职责，也把中国人除夕之夜"讲古""围炉夜话""守岁"的传统仪式转化为现代的媒介仪式。几乎与改革开放同时起步的春晚在中国经济高速发展所带来的价值分化中不断经受着冲击与质疑，在各

---

① Higgins E. T., Self-discrepancy: A Theory Relating Self and Affect, *Psychological Review*, 1987, 94 (3), pp. 319 – 340.

② 雪莉·特克：《虚拟化身——网路世代的身份认同》，（台北）台湾远流出版事业股份有限公司1998年版。

③ 参见杨桃莲《微博空间"理想自我"的构建》与《微博空间中的"现实自我"的构建》两文，分别载于《新闻大学》2013年第4期和《新闻记者》2013年第12期。

文化传播的媒介景观

种权力的交相作用中,技术因素对于春晚仪式生活带来的最大冲击出现于2015年:春晚"将一种非互动、非现场的观赏逐渐演变成一种习俗惯例,创造了文艺史、电视史的奇迹"①,而微信红包弥补了春晚"非互动"的缺憾,2016年春晚的红包狂欢更是创造了新的奇迹。春节具有明显的"祝福性、贺岁性、吉祥性、团圆性、欢乐性",而微信红包则为过年注入了狂欢性。

狂欢是中国人的陌生体验,各种传统节日的设置遵循由"礼"所确定的严格的社会秩序,家国同构与农耕社会的背景在有关节庆的"传统的发明"中凸显的是对"团圆""孝道"和"庆功"的确认和回归。"文质彬彬,然后君子"是中国人身体美学塑造的典范,集体狂欢不可能,而个体狂欢同样也不可得,因为"慎独"是修身的要义。与此相对应的"狂欢"则意味着把人从常规、单调、谨小慎微而屈从于秩序安排的日常生活中暂时解放出来,卸载加诸人身的重担与责任,"是暂时通向乌托邦世界之路"②,并由此成为"一种反抗霸权力量、建立普天同庆的自由民主的理想世界的文化策略"③。网络虚拟空间为此提供了可能。

在微信交往所建立的四大子系统中,私信是点对点的交流,具有典型的人际传播特质;朋友圈是群体社交空间,确立个体存在的同时以文化走秀方式承担着熟人圈的自媒体功能;公众号是个人出版与组织出版的新版本,它的近亲尽管可以追溯到博客与微博,但基于移动传播与数据分析技术的应用让它不同于新闻出版的传统形态,营造出表达自由的幻象;而微信群则是依托血缘、学缘、地缘、经历、兴趣或目标建立起来的自组织,具有明显的群体传播与组织传播色彩,这为红包狂欢提供了舞台。尽管可以把微信交往简单比

---

① 向云驹:《央视春晚是新民俗吗?》,《光明日报》2014年1月4日第9版。
② 钱中文主编:《巴赫金全集》第6卷,河北教育出版社1998年版,第295页。
③ 胡春阳:《网络:自由及其想象——以巴赫金狂欢理论为视角》,《复旦学报》(社会科学版)2006年第1期。

附为不同的传播模式的迭代更新，但由于这四个子系统面向用户并置敞开同时存在，加之文字、图片、视频与表情符号的综合应用其间，"使得接近中国大陆人口半数的人以自我或者群的直接参与方式（不是经由传统大众媒介机构，或者新媒体中介机构如网站等），被编织进整个社会的网络中"。[①] 朋友圈建构了以个体为中心的社群，你认识其他人，其他人也认识你，而他们之间未必互相认识。而微信群中的每一个人之间都互相熟识，移动社群中的"我们"的身份认同意义得以凸显，这正是红包狂欢的上演空间，也是虚拟世界里最易撩动人的兴奋点。

红包狂欢之于微信群成为可能依托于群的构成特征，从另一方面也反映出价值观念多元所导致的共同话语的稀薄，红包所隐喻的利益是兴趣的最大公约数。现实生活中社交对象的数量和范围有限，关系的维系需要共同经历的分享与日常生活中必要的互动性。当把这种关系形态迁移至微信群后，主题贯穿和话题确定并不是件容易的事情，因而群的活跃度就呈现出较大差别。现实生活社交的强联系与微信群的活跃度正相关，类型多样的微信群的建立势必导致"发言的没几个，潜水的一大堆"成为常态，红包狂欢在此意义上就具有了维系和强化群关系的作用。另外，作为与现实社交不同的是，微信群中的成员绝不会同时集体现身，群成员出场与缺席并存的常态导致群中的话语流动表现为高随机性，人们碎片化时空中的使用行为导致微信群中频频出现"对话延宕"现象，这些都让交流沟通质量难以向深层次推进，红包狂欢以其简易性弥补了功能缺憾，成为微信群中用以维持联系与活跃度的"补结构"。

人们在红包狂欢中感受到的是兴奋、紧张与刺激，这与红包内的金钱数量并无直接关联，这凸显了红包狂欢的游戏意义，在赫伊津哈看来，游戏是文化的固有成分，"游戏是一种自愿的活动或消遣，在

[①] 孙玮：《微信：中国人的在世存有》，《学术月刊》2015年第12期。

特定的时空里进行，遵循自愿接受但绝对具有约束力的规则，游戏自有其目的，伴有紧张、欢乐的情感，游戏的人具有明确'不同于''平常生活'的自我意识"①。红包狂欢体现着明显的游戏精神，"不同于""平常生活"的自我意识让其具有了仪式生活的特征，"正如游戏和仪式在形式上没有明显的区别一样，'神圣的场地'和游戏的场地也没有显著的区别"。

"一块钱没人捡，一毛钱抢的欢"，红包狂欢的文化意义在于它以游戏的方式使人们从板结、枯燥与合理化的工具理性中暂时抽身而出，通过角色代入网络空间提供了平等的想象性满足，在狂欢中"人仿佛为了新型的、纯粹的人类关系而再生。暂时不再相互疏远。人回归到了自身，并在人们之中感觉到自己是人。人类关系这种真正的人性，不只是想象或抽象思考的对象，而是为现实所实现，并在活生生的感性物质的接触中体验到的"②。同时也应该看到，出现于微信群中的红包狂欢向现实世界四处蔓延，各种社交、聚会与讲座的场合以红包狂欢的方式聚拢人气、活跃氛围，重构着人们的仪式生活。

三 微信与仪式生活

"媒介是表述现实的工具，媒介是传递信息的工具，媒介是社会交往仪式和文化的生存和再生的场所"③，人们不得不依赖媒介，从报刊、广电、互联网到以微信为典型的移动媒介，媒介依赖正发生着历史性转向，人们的媒介依赖"不仅出于工具性或曰功利性目的，还有着很清晰的仪式性目的"④，对于特定媒介的重复化、模式化与典型化使用具有了某些仪式特征，有关媒介的仪式生活是"一种日常生活构成的体现，它是受众用以消除自身焦虑、维系本体安全、延续原有价

---

① 约翰·赫伊津哈：《游戏的人：文化中的游戏成分研究》，花城出版社2007年版，第8页。
② 巴赫金：《拉伯雷研究》，李兆林等译，河北教育出版社1998年版，第11页。
③ 朱媛媛：《对媒介事件和媒体景观的透视与诠释》，《新西部》2009年第4期。
④ 龚新琼：《关系·冲突·整合——理解媒介依赖理论的三个维度》，《当代传播》2011年第6期。

值认同的一种方法和途径"①，文化走秀与红包狂欢正是微信仪式生活表象化的体现。

　　延展历史的视界更为清晰，有关媒介的仪式生活可以追溯到现代社会形成的开始，"根据黑格尔的观察，报纸是现代人晨间祈祷的代用品"，"这个仪式在整个历史中不断地以每隔一天或半天就重复一次"。② 恩格斯也注意到19世纪初德国街头生活场景的变化："这不是活灵活现的柏林人？他们不也是只顾听听看看有什么新闻么？就到你们的咖啡馆和糕点铺去随便看看吧，新雅典人是怎样忙于看报纸，而《圣经》却搁在家里，积满灰尘，无人翻阅。"③ 人们的日常攀谈要由报刊上的新闻起头，报刊成了宗教圣物替代品，这种规律化的、反复出现的行为正是具备仪式生活的体现，爱默生同样认为："大量散布于社会中的有价值的知识使报纸变得丰富起来，因为在没有看到报纸有关伦敦或巴黎某项有价值的科学研究文章之前，一个人不会抓过一张旧报纸来包裹鞋子，因为他舍不得永远错过这些消息。当我为避免妻子烧掉《圣经》而把废旧报纸给她时，她变得神情紧张，她希望在它被放到焰火之前读一读。"④ 这些记述极易让人与微信的强裹挟感联系起来，"有事没事、打开微信"既有来自数据统计的印证⑤，也是现实生活的需要。"有事"是以工作或者共同目标结合起来的群体愈加以移动的方式沟通与协调，具体的生活服务要经由微信的接入进行在线支付；"没事"则是基于血缘、学缘、地缘、经历或者兴趣爱好所

---

　　① 刘燕：《媒介认同论：传播科技与社会影响互动研究》，中国传媒大学出版社2010年版，第213页。
　　② 安德森：《想象的共同体：民族主义的起源与散布》，上海人民出版社2005年版，第31页。
　　③ 中共中央马列编译局译：《马克思恩格斯全集》第41卷，人民出版社1982年版，第287—288页。
　　④ 迈克尔·舒德森：《新闻的力量》，刘艺娉译，华夏出版社2011年版，第34页。
　　⑤ 据《2015微信用户数据报告》，微信覆盖了中国90%以上的智能手机，25%的用户每天打开微信超过30次，55.2%的用户媒体打开微信超过10次。见http://tech.ifeng.com/a/20150601/41096795_0.shtml。

文化传播的媒介景观

构成的个体信息环境处于实时动态变化中，碎片化时空中的微信使用让生活愈加碎片化，"有事"与"没事"的内涵出现嬗变。

广电时代的媒介使用同样具有仪式生活的特征。订阅或购买报纸是大萧条时代美国家庭的奢侈开支，一次购买即可长期使用的广播就此成为人们寒夜中的陪伴，罗斯福总统的"炉边谈话"是美国人走出萧条重振国力的信心鼓励，也是凝固在历史深处的仪式生活场景。1938年10月30日，"一群火星怪物入侵美国"，收听CBS《空中水银剧场》广播剧的600万听众确信发生了战争，不安、恐惧、哭喊蔓延的同时不少人仓皇出逃。庞大观众数的集体收听让人见识到了一档节目的影响力。收听肥皂剧的主妇们则以节目播出时间安排一天的生活节奏。有关媒介的仪式生活在电视为王的时代表现得更为典型。雷蒙德·威廉斯注意到人们"在观看电视时会在无意识状态陷入流水般的、不断重复的信息意义接受之中，其气氛感觉犹如参加一场仪式"[1]，哥伦比亚航天飞机发射、戴安娜王妃婚礼、奥运会开幕式、盛大阅兵等媒介事件几乎成为现代仪式的代名词。文化娱乐匮乏的年代里，一部电视剧的万人追捧，固定时间打开电视的收视习惯都成为仪式生活的集体记忆。

媒介资源的稀缺与垄断恰好与仪式生活的典型化呈正比，也就是说媒介的集中度越高意味着仪式生活感越强。罗尔指出："传播技术进入不同文化区域，扩展了那里已经存在的独具特色的传统、价值观和生活风格，同时，传媒技术也挑战和改变那里的文化根基。"[2] 互联网及移动互联网与信息爆炸相互催生，传播的权利被重新分配，多中心主体崛起后，仪式生活的样态发生着变化。传统意义上的仪式生活总是与特定时空的参与联系在一起，相应体验的获得必须通过在具体

---

[1] 雷蒙·威廉士：《电视：科技与文化形式》，冯建三译，远流出版事业股份有限公司1994年版。

[2] 詹姆斯·罗尔：《媒介、传播、文化——一个全球性的途径》，商务印书馆2005年版，第51页。

场所的聚集才得以完成，这一特质在有关报刊、广电等媒介的仪式生活中有所保留也有所嬗变，呈现为特定时间内分散空间的聚集参与，这种聚集本身需要以媒体定着于特定空间来完成。互联网受限颠覆了特定时间的概念，推动着仪式生活的祛魅化与零散化。微信是移动传播代表，随着从定着到移动、从互动到定制、从结构化到跨结构，从建制化媒体到自媒体时代的到来，仪式生活定着于特定空间的要求也随之解体，随机时间的移动空间赋予仪式生活以新的形态。

一般意义上而言，所谓仪式生活大体可以有两个向度的理解，一端是仪式的生活化；另一端是生活的仪式化。仪式的生活化是随着现代社会理性主体对于宗教文化的神秘经验的抽空而逐步确立的。仪式起源于远古时代的巫术、神话与宗教，是当时人们面对各种认知对象、争斗对象与征服对象的反应，也是天人沟通的文化实践活动，通过在特定时空中的聚集，按照程序化的安排进行象征性表演，使人们超验感受，进而产生群体认同并为生活注入意义。现代社会开启了世俗化的进程，仪式尽管在我们的生活中还普遍存在，但其中的超验色彩逐渐被抹平并向日常生活领域蔓延与渗透，因而"从广义上说，我们将所有由传统习俗发展而来、被人们普遍接受并按某种既定程序所进行的活动与行为都称为仪式"[①]。文化嬗变中的媒介化趋势愈加明显，媒介推动着仪式的日常化与泛在化。

生活的仪式化则是指随着祛魅的世俗社会的全面覆盖，人们与神圣体验间建立关系的可能性逐步丧失，工具理性压倒价值理性，合理化主导一切，日常生活愈加受到现实法则的规约催生出焦虑与颓废，生活的仪式化正是面向于此的"应然"表达，它承诺在一个求新求快的时代珍视与维护人本应有的尊严，引导人们思考生活的本质。

媒介曾经、现在与将来都在仪式生活中扮演着重要作用。随着移动传播时代的到来，人与媒介的关系正处于反转颠倒的历史关口，以

[①] 吴晓群：《古代希腊仪式文化研究》，上海社会科学出版社2000年版，导言第1页。

文化传播的媒介景观

微信使用为代表的移动传播对仪式生活进行着解构和重组，人们以便捷的方式随意化地使用媒介意味着人与媒介间距离感的快速消失，过度注意力的发达引诱着人们正向深度注意力的告别，仪式生活所倡导的暂停、内省与超验愈加难以达致，文化走秀与红包狂欢让仪式生活呈现出愈加表象化的趋势。仪式生活总是与稀缺、暂停相关联，愈加便宜和频繁的微信接触势必对人的交往方式、情感表达与神经中枢产生难以预计的后果，移动传播时代的到来，使仪式生活更显必要。

下编

传媒现场：大数据与西安传媒业

第六章 大数据与传媒业

第一节 传媒业新变

美国社会思想家托夫勒在《第三次浪潮》中提出:"如果说IBM的主机拉开了信息化革命的大幕,那么大数据才是第三次浪潮的华彩乐章。"

技术曾经深刻地改写了新闻传播业的面貌,它使大规模的印刷出版成为可能,远距离的视听信号传输拉近了世界的距离。而以网络为代表的新媒体的崛起则发起了一场传播平权运动。当迈入21世纪第二个十年的门槛,一场由大数据挖掘所引领的技术革新又再次刷新了新闻传播业。

2013年5月10日,马云离开阿里巴巴CEO的位置。在卸任仪式上,他说:"这是一个变化的时代——还有人没搞清楚PC,移动互联网来了;还没搞清楚移动互联网,大数据就来了。"

国际著名的管理咨询公司麦肯锡早在2011年的研究报告《大数据:下一个创新、竞争和生产力的前沿》中就指出,当今世界的信息量已呈爆炸式增长态势,分析大型数据集——所谓的大数据将成为竞争、引发新一轮生产力增长、创新及消费者剩余的关键基础之一。多媒体的崛起、社交媒体及物联网所捕捉到的与日俱增的信息量,将会使数据在可预见的未来呈指数性增长。

文化传播的媒介景观

《南方都市报》2013年度新闻奖颁奖礼的背景墙上打出的是"过去我们生产新闻,未来我们生产数据"。

大数据,有多美?蒸汽机推进了工业革命,计算机催生了信息化浪潮,大数据则无限拓展了人类社会的想象空间。

智慧城市、云计算、数据挖掘、机器新闻写作、数据新闻、新闻可视化、LBS、RTB、社交媒体传播、人工智能……这些近几年热词的背后有一股共同的力量——大数据的强力驱动。

大数据是海量数据资源的庞大累积,通过各种终端设备跨越结构、跨越边界、跨越空间每时每刻源源不断地汇聚存储,成为数据挖掘和分析的"富矿"资源,人类从而对于世界和自我有了更为全面、更为系统与更为深刻的了解与把握。

网络社会的崛起将人与人、人与物、物与物都连接了起来,在一"网"打尽的社会里,无人无物可以置身于网络空间之外,数据洪流滚滚而来,人类世界被数据予以格式化。大数据的影响是普泛的和全方位的,举凡政府决策、公共治理、经济分析、企业经营、社会预测、医疗健康、城市交通、教育培训、舆情走向、新闻生产、广告营销、科研探索、安保救灾等领域都在经受着大数据的冲击和重构。本编舍"普泛"而取"具体",重点关注大数据对传媒业的影响,求取大数据影响传媒业的地方材料与经验。

中国第一个大数据产业园于2012年落户陕西西咸新区。站在国际前沿,有效对接西安科教资源、产经资源,大数据势必对西安的发展起到推动作用。具体到新闻传播业,大数据对其的支持、推动、革新将产生不可估量的影响。

第一,梳理并归纳大数据对传媒业的一般影响。从领域上讲,它至少包括新闻媒体与广告公司两个大的门类;从层次上讲,它包括思维认知、运营架构及具体运用等不同层面;从流程上讲,它包括"大数据怎么来?""如何进行大数据分析?""怎样运用大数据?"等不同阶段。

第二，助推区域经济社会发展。随着"一带一路"倡议的推进，陕西西安的经济社会发展地位更加突出。一方面，新闻传播业与意识形态密切相关，新技术的运用能够充分掌握话语权，在对外与对内两个朝向上树立起西安的形象，发挥鼓劲呐喊的作用；另一方面，新闻传播业也是文化产业的重要组成门类，对经济发展具有推动作用，同时自身也可以产生经济社会效益，进一步提升西安国际化大都市建设的内在品质。

第三，摸清西安传媒业对于大数据的认知、应用情况现状。陕西地处内陆，对于新技术以及新观念的认知接受与应用存在一个过程，网络等新媒体的使用使这种"知识沟"得以有效弥合。通过调研报社、电视台、网站、广告公司对于大数据的认知及应用状况，为政府决策与引导提供依据。

第四，梳理并评析大数据对于新闻传播业影响的具体表现。目前，包括西咸新区大数据产业园在内的大数据发展仍然处于探索阶段。一方面，需要对已有大数据在新闻传播业的应用状况做出汇总并清理；另一方面，也需要对大数据在新闻传播业的应用前景进行探索与展望。

大数据所产生的影响，是由云计算、智能硬件及移动互联网共同作用的结果，在传媒业典型地表现为媒介融合趋势的加速，大数据对于媒介融合所发挥的推进作用也是一个重要的研究目的。

该研究采用的研究方法主要包括文献研究法与调查研究法，同时在研究过程中辅助使用了比较研究法。

文献研究法。通过阅读与梳理有关大数据研究文献，建立其与传媒业发展的关联论述，把握大数据与传媒业发展的主要议题，搜集整理西安大数据（产业）发展、传媒业的基础资料，将前沿发展与地方经验紧密结合。

调查研究法。主要包括访谈法与问卷调查法。访谈法主要通过半结构访谈法取得一手经验材料，建立起有关新闻媒体与广告公司对问题的内在视角；同时辅以问卷调查的方法，勾勒研究对象的整体轮廓。

根据实际研究情况，灵活使用上述二者研究方法。

比较研究法。由于本研究是有关大数据与传媒业区域性的经验研究，重在研究对象针对性与贴合度上的把握，但由于大数据的普泛影响后果以及论述上的平衡与有效考量，其他区域的案例构成了研究过程中的一个潜在比较对象，有关案例的使用结合具体论点穿插安排。

在研究过程中首先对大数据运用于传媒业的基本研究现状进行了整理分析，有关议题主要集中于大数据概念及其在传媒业基本运用的介绍，大数据对新闻生产模式及机制所造成冲击的分析，对于大数据在广告营销领域应用的探索，结合传媒业对于所谓"大数据时代"的批判，并予以提出警示等方面。

作者调研了西安有关大数据产业园区，并以笔名与陕西日报社记者联合在该报发表了《魔方大数据来了——写在国内首个大数据园区崛起西咸之际》《有了大数据，"神马"不再是"浮云"》与《大数据如何改变我们的生活？》等新闻报道。

访谈研究法针对西安地区新闻媒体与广告公司分别拟订了采访提纲，通过各种途径方法采访了十余位业界人士，其中既有行业高管，也有一线工作人员，取得了较为充分而切实的研究材料。现将访谈对象罗列如下：

访谈机构	访谈对象	岗位/职务
华商报社	李*	副总编
陕西广播电视台	王**	新闻中心编辑
陕西卫视	薛**	品牌战略部主任
陕西日报社	陈*	工交新闻部记者
陕西日报社	康**	特稿新闻部记者、编辑
三秦都市报社	林*	副总编
环球网（环球时报在线西安分部）	彭**	编辑
西安麦道品牌传播有限公司	李**	麦道传播CEO、创意群总监

续表

访谈机构	访谈对象	岗位/职务
陕西天永广告文化传播有限公司	许＊＊	总经理
Apex 奥美陕西办事处	王＊	文案
西安卓越营销策划有限公司	王＊	总经理
良品观广告传播有限公司	王＊＊	策划
西安搜房网	贺＊＊	二手房频道运营总监
西安蓝色光标广告文化传播有限公司	陈＊	策划
陕西中防丝路文化有限责任公司	杜＊＊	创意总监
西安羽者广告文化传播有限公司	王＊＊	设计
西安曲江智讯互动营销策划有限公司	姜＊＊	微信运营

问卷调查主要面向广告公司从业人员进行投放，我们在问卷星网站发布了调查问卷（https://sojump.com/jq/7389352.aspx）。问卷调查回收有效问卷43份，这一数字与研究设想的差距较大。这促使我们在研究过程中调整思路，以文献研究法和访谈研究法为主，并加大了访谈对象的数量，而将问卷调研所获得的数据作为参考资料。

访谈提纲与调研问卷均作为附录列于文末。

第二节　争锋大数据

"大数据"相对于"数据"而言，对于"大数据"的理解需要从"数据"的概念谈起。直白来说，"数据"就是记录信息的特定方式与格式。在计算机与网络出现之前，人们以结绳、手势、印刷文字、电波信号等方式储存信息。信息科技出现后，人们开始使用数据来记录信息。人们进行生产生活必须依托于信息占有的多寡形成决策判断，但数据本身并没有意义。传播学意义上的信息是减少不确定性的东西，数据是信息的表达，信息是数据的内涵，二者经常在不同的语境中联结使用，"但严格地说，数据和信息这两个概念有很大区别。数据是对信息数字化的记录，其本身并无意义；信息是指把数据放置到一定的背景下,对数字进行解释、赋予意义。例如:'1.85'是个数据,'奥巴马身高1.85米'是一则信息。但进入信息时代之后,人们趋向把所有存储在计算机上的信息,无论是数字、音乐还是视频,都统称为数据"。① 计算机系统中,数据以二进制信息单元0与1的形式表示。人类的一切生产、生活,理论上而言都是可以转化为数据予以观测的。然而,限于存储、计算和分析工具的发展和成本考量,许多自然界和人类社会值得记录的信号,并不能形成数据,"数据"的从"小"到"大"需要依托云计算与物联网的技术支持。我们很容易找到有关大数据的书面界定,例如下列表述:

麦肯锡认为,所谓大数据是指无法在一定时间内用传统软件工具对其内容进行采集、存储、管理和分析的数据集合。而大数据技术是从海量复杂数据中获得信息所需要的软件、硬件及其服务技术。

复旦大学朱扬勇教授将大数据定义为数据、方法、知识、领域、学科等的交叉,而产生新的科学研究方法等。

大数据也称巨量资料,指的是对规模特别巨大的资料在合理时间内进行撷取、管理,并进行专业化处理,以实现数据的"增值"。

所谓大数据,就是用现有的一般技术难以管理的大量数据的集合。所谓"用现有的一般技术难以管理",举个例子来说,就是指用目前在企业数据库占主流地位的关系型数据库无法进行管理的、具有复杂结构的数据。或者可以说,是指由于数据量的增大,导致对数据的查寻响应时间超出允许范围的庞大数据。②

大数据是指规模超出常规的数据库工具获取、存储、管理和分析能力的数据集,以及在多样的、大量的数据中迅速、实时地获取价值信息的能力。

上述有关大数据的表述体现了不同的界定视角,它既可以被理解

---

① 涂子沛:《大数据:正在到来的数据革命,以及它如何改变政府、商业与我们的生活》,广西师范大学出版社2012年版,第35页。
② 城田真琴:《大数据的冲击》,周自恒译,人民邮电出版社2013年版,第3页。

为巨量字节、也可以具有"技术""硬件""能力""方法"等内涵。这就有了大数据的狭义与广义的理解区分。

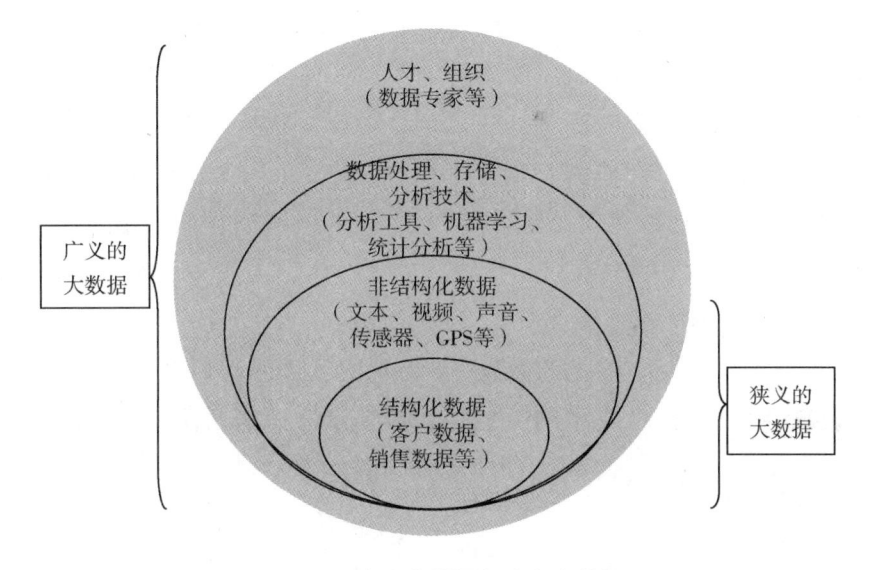

广义的大数据：
- 人才、组织（数据专家等）
- 数据处理、存储、分析技术（分析工具、机器学习、统计分析等）
- 非结构化数据（文本、视频、声音、传感器、GPS等）
- 结构化数据（客户数据、销售数据等）← 狭义的大数据

图6-1 广义大数据与狭义大数据

资料来源：野村综合研究所

互联网搭建起虚拟的网络世界，直到实在的物质世界通过各种探头、传感器联系起来，数据的威力才被充分释放，人类进入了一个物联网的世界。比如全世界工业设备、汽车、电表上有着无数的数码传感器，随时测量和传递着有关位置、运动、震动、温度、湿度乃至空气中化学物质的变化。每天产生的大量数据需要庞大的储存空间，云计算的出现让这一难题迎刃而解。物联网、云计算加上各种运算工具的开发、使用让挖掘大数据变得不再遥远。全球互联网流量累计达到1EB的时间在2001年是一年，在2004年是一个月，在2007年是一周，而在2013年仅需一天，即一天产生的数据量可刻满1.88亿张DVD光盘。[①] 一般认为，现在一年生产的数据量是上年的150%。

[①] 邬贺铨：《大数据时代的机遇与挑战》，《求是》2013年4月。

文化传播的媒介景观

当世界中的一切都可以转化为数据存储的时候，意味着整个世界以数据的方式格式化了，来源繁复的数据洪流汹涌而至，冲击着人类生产生活的方方面面。大数据的特点被归纳总结为"4Vs"，即 Volume（大体量）、Variety（多样性）、Velocity（快变化）和 Value（有价值）。

1. Volume：大数据的数据量非常巨大，PB、EB、ZB 级的数据逐渐成为常态。① 谷歌公司高级副总裁兼法律总顾问肯特·瓦克（Kent Walker）在 2014 年年底表示，"截至 2000 年，人类仅存储大约 12EB 的数据，但如今，我们每天产生 2EB 的数据。过去两年的时间里产生了世界上百分之九十以上的数据"。物联网、传感器以及各种（移动）终端设备将整个世界一"网"打尽，数据洪流浩浩荡荡。

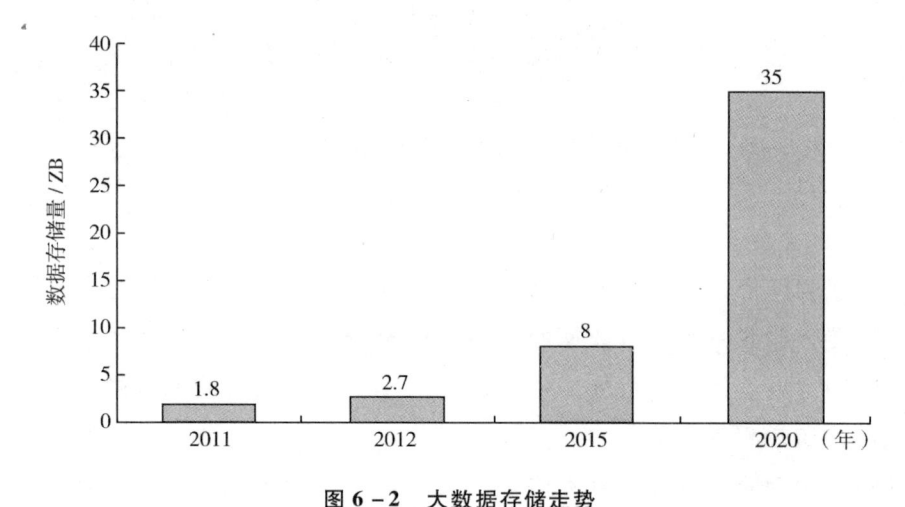

图 6-2　大数据存储走势

2. Variety：大数据类型繁多，具有多样性，冲破了发展初期结构化数据的限制，囊括了更多的非结构化数据。结构化数据是存储在数

---

① 计算机存储单位一般用字节（Byte）、千字节（KB）、兆字节（MB）、吉字节（GB）、太字节（TB）、拍字节（PB）、艾字节（EB）、泽它字节（ZB，又称皆字节）、尧它字节（YB）表示。1KB = 1024B、1MB = 1024KB、1GB = 1024MB、1TB = 1024GB、1PB = 1024TB、1EB = 1024PB、1ZB = 1024EB、1YB = 1024ZB。

据库里的数据，可以用二维表结构通过逻辑表达实现；非结构化数据，包括所有格式的办公文档、文本、图片、XML、HTML、各类报表、图像和音频、视频信息等。类型的多样化意味着传统的分析工具难以驾驭海量存在的大数据。

3. Velocity：1分钟之内，新浪微博发送数万条，苹果应用商店下载数万次，淘宝卖出几万件商品，百度产生百万次搜索查询。大数据的留存方式决定了它具有快速变动、实时更新的特点，新闻信息不停更新、人的健康指标参数、交通运行数据、机器设备运行状态数据等无时无刻不处在变化之中。

4. Value：大数据价值巨大，但价值密度低，海量数据的背面是泥沙俱下，没有人会否认巨大的价值就隐藏在海量数据之中，这意味着有效的、高价值数据的获得需要付出更大的努力，面对特定对象，需经过大量分析处理才能体现出其价值。数据处于不断更新变化之中，这些有价值的信息可能转瞬即逝。据估计，数据每天的死亡率也在20%左右。因而如何通过的机器算法更迅速地完成数据的价值发现与提炼是大数据挖掘和分析的核心一环。

第三节 大数据对传媒业的影响

通过大数据的挖掘分析，可以为隐而不现的关系建立起关联，深化对于社会运行内在规律的科学认知，对发展趋势具有预测作用，这对人类生产、生活具有革命性和全方位的影响。一般说来，大数据包括数据生产与集聚层、数据组织与管理层、数据分析与发现层、数据应用与服务层等产业链，涵盖了数据来源、存储、分析与运用等不同内容。大数据对于传媒业的影响可以说来自产业链的不同层面。

传媒是传播信息的媒体，从古代的手势、旗语与烽火，到信件、图像、文字等符号，从建制化的报社、电台、电视台、影视剧、广告、新闻出版机构到超越于信息传播的互联网新媒体，都可以被纳

文化传播的媒介景观

入到广义的"传播媒介"的范畴之中。然而,过于广义或泛化的理解并不利于研究对象的把握,比如基于作为理念的新媒体的影响所带来的"万物皆媒""众媒时代"[①]等概念就具有将一切介质包罗涵盖的冲动,这会导致研究对象的游移不定,这在课题研究中需要加以避免。

传媒业担负着社会不同系统间信息传输、关联建立的作用,由建制化的传媒机构共同组成。不同国家对传媒业所包含的具体类别有着不同的划分,同时随着时代发展与观念嬗变也会有所调整。如默多克的新闻集团将"电影娱乐业、电视、有线电视、杂志与增刊广告、报纸、图书出版和其他"等7个门类纳入传媒业,其中的"其他"指"网络、传播技术",这样的划分体现了美国将传媒业与娱乐业并置对待的类型认知。《2015传媒产业分析报告》则将我国的传媒业划分为报纸、图书、网络、电视、广告公司、电影、音像、期刊、广播与移动增至10个类别。在国内,中视传媒将"影视、旅游、广告"作为三大主业,另一家大型民营的传媒娱乐产业集团公司星美传媒则拥有影视节目和数字节目制作与发行、电影院线、影视基地、卫星数据传输、音像制品连锁、演艺经纪等诸多业务,这些有关传媒业的划分方式同样具有将娱乐业纳入其中的考虑。

除过将"娱乐业"纳入"传媒业"的有关"文化类型"观念的作用,影响"传媒业"的另一股力量就是以大数据为代表的"技术因素",如随着技术的运用推动,传媒业与文化产业以及计算机软件电子制造、电信、零售、物流、金融等行业的交叉和融合更加深入,相互渗透,勾勒出了一个更为庞大的传媒业版图。

在不同背景因素作用下,传媒业概念的内涵与外延实际上处于不断变化之中,本研究从传媒业的核心内涵即"大众传播"概念出发,结合西安作为西部中心城市之一的定位特点,将有关西安传媒业的内

[①] 徐峰:《彭兰:未来媒体发展趋势是"万物皆媒"》,《新闻论坛》2015年第6期。

涵确定为报业、广播电视业、广告业三种，进而根据其内容构成与传播渠道特点，具体化为新闻媒体与广告公司两类。对于近年崛起的新媒体和机构化的自媒体而言，它们要么具有普遍性而没有地方性的论述意义，要么不同程度地存在于新闻媒体与广告公司发展布局中，要么从全国层面来说其发展态势并不具有独特性，因而研究中并不将它们单独作为一个行业的构成类型来看待。

大数据对于传媒业的影响是全方位的，而且这种影响力是与新媒体、互联网思维、媒介融合等一系列思想共同发挥作用的，关于这个问题的讨论有不同的可能性，比如可以从宏观面的行业结构、中观面的机构转型、微观面的操作运用；也可以从理念变革、流程再造与产品创新等维度做不同层面的讨论；或者引入"5W"模式，从传播者、传播渠道、传播内容、传播对象与传播效果等方面讨论大数据的影响。此节有关大数据对传媒业的影响的论述，我们将引述有关重要文献进行评析。

喻国明等在《新闻传播的大数据时代》中认为，大数据为新闻传播提供了新的方法论，它提供了观察世界的新工具、建构世界的新方式与预测世界的新技术。大数据对于新闻生产的具体影响表现在它推动了数据新闻及新闻可视化，同时对于生产信息提供层面、媒体层面与用户层面等新闻业态进行了重构；他们认为大数据对于广告业的影响主要表现在消费者洞察方面，这导致广告营销思维从传统数据库到大数据的变革，用户数据从属性数据到多维数据的变革，从粗线条营销到精细营销的变革，大数据对于品牌构建、市场预测具有重要作用。

彭兰在《大数据时代：传媒业面临的新震荡》中认为，大数据技术渗透到新闻生产的核心环节，大数据技术重竖新闻质量标杆，大数据技术进一步提升受众反馈的价值，大数据技术拓展用户分析广度与深度。在大数据技术等因素的推动下，新闻业务将实现一些方向性调整，如趋势预测性新闻和数据驱动型深度报道分量的增加，数据呈现、分析与解读能力的提高，新闻生产中跨界合作的增强。

管建文等在《大数据对于传媒业意味着什么?》中认为，从媒体的内容上看，社交媒体与智能手机已经对媒体构成威胁；从媒体的产出品来看，媒体的新闻报道及评论强调原创、深度，数量有限，在大数据时代容易被海量数据淹没；从媒体从业人员来看，记者编辑主要同文字、图像打交道，而在大数据时代，记者编辑不仅要熟练使用文字、图像，还需要懂得如何收集、整合、挖掘和分析数据；从媒体的舆论工具特性看，大数据时代，媒体如何代表舆论、主导舆论、影响舆论面临挑战。

陈力丹等则在《大数据与新闻报道》中认为，新闻媒体通过使用一定的运算方法对大数据进行分析，可以深化新闻叙事并对事实作出准确判断，对未来进行预测报道，满足用户的定制信息要求，使得数据可视化并且具有交互性。然而，利用大数据做新闻，记者还面临着一系列值得注意的问题，需要尊重数据的全面性和客观性、科学地分析数据、遵循新闻职业道德。

在对大数据集体看涨的大势下，也有人有不同意见，刘建明在《"大数据"的迷思与新闻媒体的应对》中就认为：大数据技术不是万能的，不能解决一切问题，它只是决策的一种量化手段。正确认识事物的是非和利害，遵循人文精神是更为重要的前提。缺少这个前提，大数据不仅毫无用处，而且能为谬论寻求数据支持。

大数据对广告营销的影响主要表现为新技术与新观念的应用使得各传播环节发生变化。这些技术包括 LBS（基于位置的服务）、RTB（实时竞价）与 SMM（社交媒体营销）等，在大数据与新媒体技术带动下，广告主的分化、广告媒体的多元、广告公司的融合、广告目标的个性化、广告效果的精细化成为大势所趋。

第四节　西安的大数据产业发展

大数据对于传媒业影响的可能性取决于大数据产业本身的发展态

势。据 IDC 数字，2015 年全球大数据市场规模从 2010 年的 32 亿美元增长到 170 亿美元，复合年增长率为 40%，预计 2016—2018 年中国大数据市场规模还将维持 40% 左右的高速增长；到 2020 年，全国大数据产业市场将形成 2 万亿元以上的规模。

从全球看，世界各国都把大数据发展确立为战略行动。2012 年美国奥巴马政府宣布推出"大数据研究和发展计划"。欧盟也于 2013 年推出"开放数据平台计划"。2013 年 6 月，日本安倍内阁正式公布"创建最尖端 IT 国家宣言"，全面阐述了 2013—2020 年期间以发展开放公共数据和大数据为核心的日本新 IT 国家战略，提出要把日本建设成为一个具有"世界最高水准的广泛运用信息产业技术的社会"。

从国内看，市场层面而言，掌握庞大数据资源的 BAT 等互联网巨头推出了一系列计划，如百度大数据+、阿里云、腾讯大数据等；政府层面而言，2013 年 9 月四川省绵阳市政府、长虹集团与 IBM 公司携手建立"绵阳 IBM 大数据分析竞争力中心"，中国电信、中国联通、中国移动等运营商以及浪潮等大型 IT 企业也开始拓展大数据市场，2016 年 5 月北京通过了《北京市大数据和云计算发展行动计划（2016—2020 年）》。在西部地区，贵州大数据产业发展颇为引人注目。2016 年 3 月，全国首个国家级大数据综合试验区——国家大数据（贵州）综合试验区获批，目前，中国移动、中国联通、中国电信三大运营商都将南方数据中心建在贵州。2015 年，整个贵州省的服务器规模为 20 余万台，未来规划建设服务器规模 200 万台。包括蚂蚁金服、华为、富士康在内的多家巨头都将客服中心放在了贵阳，呼叫中心座席已经达到 10 万席，计划 2017 年扩张至 20 万席。

陕西具有发展信息技术产业的资源条件，信息化建设成效显著，2009 年以来构建了以省、市、县三级电子政务公共平台为核心的政务云平台，建成省、市、县 119 个信息资源池，成为政务信息汇聚、共享、交换的公共平台。省信息化领导小组于 2013 年 6 月印发《"数字陕西·智慧城市"发展纲要（2013—2017年）》，把"开发利用政务信息资源，发展云计算大数据产业"列为四项主要任务之一，重点选取医疗卫生、食品安全、终身教育、智慧交通、公共安全、科技服务等领域，促进大数据技术成果服务政府、惠及民众，带动陕西省大数据产业发展。

西安是中国六大通讯枢纽、中国互联网八大核心节点以及国家高性能计算中心首批3个超级节点之一，特别是四大电信数据中心之一的西部数据中心，是中国互联网数据存储、交换和传输的国家级数据中心，在数据储存、共享等方面优势巨大。同时，西安汇集了一批在大数据领域具有较强科研实力的高等院校和科研院所，这让西安拥有发展大数据产业的得天独厚的优势。2013年8月，西安交通大学成立了"大数据应用与管理研究中心"。西安银河等企业开展了大数据公共信息、舆情分析等电子政务服务，延长石油、陕煤等能源企业构建服务产业发展的大数据平台；陕鼓、陕汽等先进制造企业也开展大数据公共应用服务开发。

陕西及西安的大数据产业最为重要的发展空间位于西咸新区沣西新城。作为西咸新区五大园区之一的沣西新城以大数据产业为发展重点，规划建设信息产业园区。园区分为信息服务产业区、信息研发总部区、信息技术产业区、高端IT企业集聚区和生活配套服务区五大功能板块，规划面积25平方公里。该园区以大数据、云计算、物联网、电子政务、电子商务等产业为重点，大力发展数据存储、呼叫中心、IDC中心、灾备中心、数据交换共享平台等业态，全力构筑以IT基础层、数据资源层、运营平台层、应用服务层等四个层面为主的大数据全产业链生态环境。

自2012年西咸新区大数据产业园区规划建设以来，吸引了中国联通、中国电信、中国移动、陕西广电网络等四大运营商数据中心，以及人口、测绘、林业、人行四大政务数据中心，微软创新中心等一批优质项目相继落地；到2017年，沣西新城将基本完成大数据商业化运营平台建设和数据管理产业集聚,初步实现大数据商业化应用。未来沣西新城将形成10T的带宽、100万台服务器,集聚300PB的权威数据,带动20多个行业发展,产生600亿元的综合效益。到2020年建成国家级信息产业基地和大数据处理中心,实现产值2000亿元、集聚各类人才25万人。

第七章　大数据对西安地区新闻媒体的影响

　　一个地区传媒业的发展状况与当地的经济发展、政策支持空间、社会开放程度与文化传统等因素密切相关，新闻媒体的发展态势亦是如此。但在中国特殊的新闻体制与管理方式下，经济社会的发展程度与新闻媒体的发展关系更为密切。一方面，较高的经济社会发展程度意味着社会分化的程度更大，人与人、人与社会之间的关系的复杂化程度更高，这为新闻媒体提供了更多的新闻来源和具有传统意义上"新闻价值"的事实的可能性，这种经济社会发展程度还意味着更多的主导权，即拥有相对较多的辐射影响力，距离权力中心的距离更短，从而可以有力推动地方性的新闻媒体从"地方"走向"全国"；另一方面，较高的经济社会发展程度意味着市场主体的数量多，多元化特征更为明显，这为新闻媒体提供了充分的广告市场支持，从而导致新闻媒体数量多、结构方式更为复杂，新闻媒体具有更大的发展空间。

第一节　西安地区新闻媒体简况

　　西安是世界历史文化名城，是中国西部中心城市之一，是西部地区经济社会文化的中心城市。21世纪以来，西安在国家社会发展中定位不断抬升；2009年国务院批准的关中—天水经济区规划确定把西安打造为具有历史文化特色的国际化大都市，"一带一路的愿景与行动"提出要打造西安内陆型改革开放新高地；2015年12月召开的中央城市工作会议确定了打造"关中城市群"等区域性城市群，大西安的城市地位举足轻重。以下结合经济社会发展态势，从"内"与"外"、"个案"与"共题"两个维度来讨论西安新闻媒体的基本发展情况。

1."内"与"外"

中国东西部地区经济社会发展具有明显的差异，这体现在东南沿海地区省会城市与经济制度的"双城记"格局，比如山东的济南与青岛、江苏的南京与江苏、福建的福州与厦门、广东的广州与深圳等，而在北方地区，省会城市往往也是该省的经济文化与政治中心。在陕西省内，西安具有当之无愧的"老大"地位，是全国15个副省级城市之一，高度聚集着全省经济社会文化资源。这是西安传媒业和新闻媒体发展的空间条件。2015年，陕西省国内生产总值（GDP）达到18171.86亿元，全省人均GDP为48135.85元，略低于全国平均水平。从各地级市来看，西安、榆林和咸阳GDP总量领先，分别为5810.03亿元、2621.29亿元和2155.91亿元。在全省三甲中，后两位加起来还没有达到西安的经济实力。资源高度集中的结果导致了陕西地区新闻媒体在西安的高度集中，市场结构的总体特征较为明显。

报业方面，有党报系统的陕西日报传媒集团、西安报业传媒集团，还有市场化程度比较高的陕西华商传媒集团，各家报业集团下设多种子报子刊与新媒体。如陕西日报传媒集团拥有《陕西日报》《三秦都市报》《陕西农村报》《当代女报》《西部法制报》《新闻知识》《报刊荟萃》，陕西传媒网及其"两微一端"等五报两刊一网络媒体；陕西华商传媒集团旗下现有七报五刊五网，分别是《华商报》《新文化报》《重庆时报》《大众生活报》《消费者导报》《南非华人报》《华商晨报》《钱经》《名仕》《淑媛》《大众文摘》《汽车自驾游》，华商网、

文化传播的媒介景观

辽一网、96128城市购物网、123hi城市生活消费社区、365地产家居网以及"两微一端"。需要指出的是，这些子报业的子刊与新媒体并不全以新闻媒体为业，同时还有跨地域经营的状况存在。

广电方面，有陕西广播电视台与西安广播电视台两家。陕西广播电视台集广播、电视、报纸、杂志、网络、新媒体等多种业务为一体，于2011年8月5日揭牌成立；西安广播电视台拥有新闻、交通、音乐、资讯、综艺五个专业广播频率，以及新闻综合、白鸽都市、商务资讯、文化影视、健康快乐、乐购购物、移动电视七个电视频道和西安网络电视台、西安网两个网络媒体。广电媒体相对于报业来说生活服务娱乐的综合性特征更为明显，跨媒体、跨行业经营的程度也较高。广电媒体一般会设置新闻中心发挥其新闻媒体的功能，如陕西广告电视台新闻中心就是面向旗下各种媒体的采编机构。

除过上述陕西及西安地方性新闻媒体外，中央级媒体的驻陕分支机构，以及门户网站的陕西地方站均在西安有办公地点。如人民日报陕西分社、新华社陕西分社、中央电视台陕西记者站、腾讯·大秦网、新浪陕西、凤凰陕西频道、环球网（环球时报在线西安分部），《大公报》等港台媒体亦在陕西设有办事联络机构。

然而，站在陕西向"外"看，西安经济社会发展的指标只能说具有相对优势。自2009年GDP过万亿之后，陕西的经济社会发展走上了一条快车道。2015年陕西GDP完成18171.86万亿元，排名全国第15位，稳居中游，这一数字计划在"十三五"末冲上3万亿元。陕西以煤化工当家的能源型经济结构容易受到外部市场波动的影响，这在2016年表现得比较明显，这也意味着陕西整个市场主体的数量和多元化不足，无法对传媒业发展形成有效支撑。

西安处于中国地理结构的中心位置，她是西部的东部，东部的西部，这种区位特点既可以说是优势也可以说有所不足。西安是西北地区的门户，是最为重要的城市，是西北地区的经济文化中心。2015年西北地区省会城市的GDP排名为：西安5810.03亿元、乌鲁木齐 2680.00 亿元、兰州 2095.99 亿元、银川 1480.73 亿元与西宁 1131.62 亿元，西安稳居前列，西安的传媒业与新闻媒体发展无疑在西部地区同样居于前列，但如甘肃的读者出版传媒股份有限公司同样是其中的亮点。而在整个西部地区，2015 年西安、成都与重庆的 GDP 分别为 5810.03 亿元、10801.16 亿元与 15719.92 亿元，后两者已经跨过万亿大关。而在 2000 年，这三个数字分别是 702.897 亿元（估算），1318.3 亿元与 1791.00 亿元。曾经被我们讨论过的"西三角"概念早已淡化，西安在西部地区的经济社会发展并不占优，而就传媒业来说，成都的都市报大战、重庆卫视的操作方式与网络新媒体发展都曾经引起全国范围内的关注。

2. "个案"与"共题"

西安新闻媒体发展具有地方性特点，但作为传媒业的构成的西安传媒业同样受到行业整体发展态势的左右。特别是在新媒体技术的影响之下，传统媒体整体发展每况愈下，主要表现为以下特点：纸媒方面，用户耗时比例逐年下降，渗透率降幅明显；电视方面，用户耗时比例降幅显著，渗透率增长疲软；广播方面，用户耗时比例逐年回降，渗透率增幅相对最快。[①]

一边是传统媒体的式微；另一边是在互联网与移动互联网推动下的新媒体的崛起。其中的典型表现就是社交与媒体的融合，新闻与生活的融合，传统媒体与自媒体的融合等。当人们愈来愈习惯一种网上生活的时候，新闻媒体整体处于转型之中。据《2015 微信用户数据报告》显示，微信覆盖了中国 90% 以上的智能手机，25% 的用户每天打开微信超过 30 次，55.2% 的用户媒体打开微信超过 10 次。一篇微信公号文章达到 10 万以上的阅读次数对于传统媒体来说并不容易做到。几个人运营的新媒体账号所取得的传播效果为传统新闻媒体

---

① 清华大学沈阳教授团队《未来媒体趋势报告》，2015 新浪媒体峰会发布，http：//wenku.baidu.com/view/46edd29431126edb6e1a108e.html? from = search。

文化传播的媒介景观

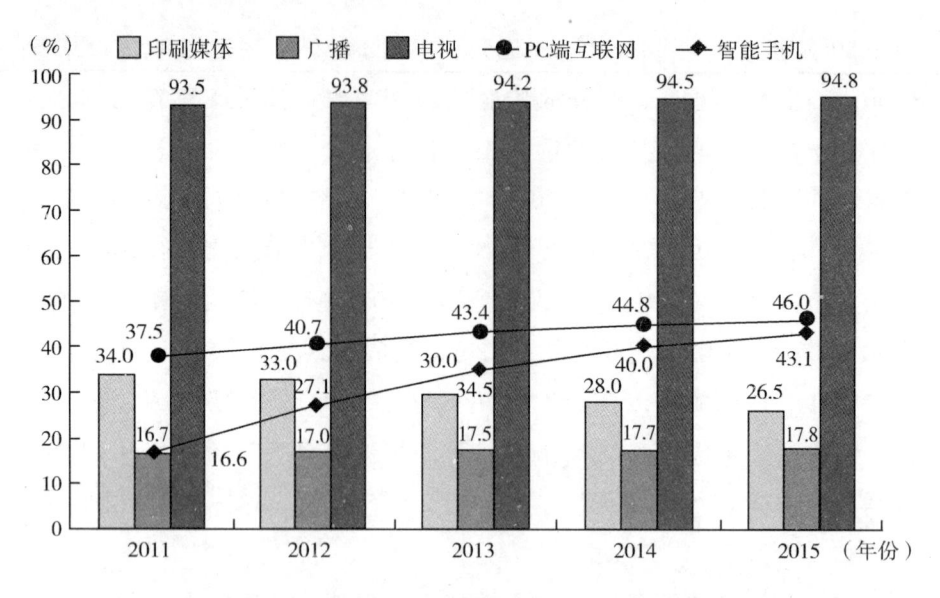

图例：印刷媒体　广播　电视　PC端互联网　智能手机

年份	印刷媒体	广播	电视	PC端互联网	智能手机
2011	34.0	16.7	93.5	37.5	16.6
2012	33.0	17.0	93.8	40.7	27.1
2013	30.0	17.5	94.2	43.4	34.5
2014	28.0	17.7	94.5	44.8	40.0
2015	26.5	17.8	94.8	46.0	43.1

图 7-1　中国各类媒体的渗透率（2011—2015）

数据来源：emarkter。

几百人所难以企及。"两微一端"成为新闻媒体的标配。截至 2015 年第一季度，新浪微博认证媒体数 2.9 万个、个人用户突破 70 万、企业账号 82 万个、政务微博 13 万个，不仅是数量上的庞大更是传播效果深远。就在笔者完善修改本研究期间，新浪微博热门/超级话题中的"#王宝强离婚#"阅读量超过了 100 亿，讨论超过 300 万，显示出了自媒体传播空前的影响力。

西安新闻媒体既面对着上述"共题"压力，也有自身"个案特点"，原因有三：一为新媒体发展呈现出的"数一数二"格局，大部分新媒体总部位于技术与资金支持充足的北上广深等一线城市；二为西安经济社会发展状况设定了本地区新闻媒体的发展空间，体制内新闻媒体力量相对较强，受到市场压力相对较小，或者说西安传媒业受到的新媒体冲击更多来自外部而不是本地；三为没有人会认为传统媒体会消亡，但需要调整发展的身形，走向地方和社区是报业和广电新闻媒体的自救途径。穷则思变，面对新媒体大潮，接受访问的新闻媒体人员普遍表示，既要出版播出传统介质的媒体，又要将这些内容全部免费平移到网络上并进行新的编排，对于作为优质内容供应商的传统媒体来说，这是探索也是无奈。

发行量、视听率、下载量、订阅量、点击数是新闻媒体的生命线，往往也是媒体的高度机密。调研过程中访谈对象即使大略说出这些数字，也反复叮嘱不得公开传播。而就报纸与广电及其新媒体客户端而言，这些数字内在构成也有复杂性。报纸是以份售卖，党报更是以订阅为主，而广电媒体则可以靠单个节目吸引用户的接触。另外，对于体制类媒体来说，政治新闻与政策宣导方面的硬性报道也不能全以发行量与视听率作为考查标准，这些数字只是起到一定的参考价值。本节后半部分，就以公开资料大体勾勒出西安新闻媒体作为"个案"的市场格局。

《陕西日报》是中共陕西省委机关报，渊源可上至延安时期的《边区群众报》，20世纪90年代中国都市报忽然兴起并引发大战，该报遂先后创办子报《三秦都市报》与《劳动早报》（二者后来合并为《三秦都市报》）充分参与市场竞争，发行量一度达致38万份。2012年《陕西日报》将旗下所有子报子刊合并成立陕西日报传媒集团，将原有电子版报纸升级为陕西传媒网，同时开办多个新媒体，最新动向为转场跨界进入电商领域，开办"乐选全球购"。《陕西日报》多次跻身全国"百强报刊""中国品牌媒体党报品牌十强"之列，发行量稳定在21万份，居全国省级党报第10位，人均发行量居全国第9位。

西安市委机关报《西安日报》和都市类报纸《西安晚报》由西安日报社主办，据公开资料，两报日发行量均超过35万份，年收入1.6亿元。《西安晚报》创刊于1953年，是中国西部历史最悠久的大型城市报纸，是"中国十大晚报"之一。面对20世纪90年代中后期都市报激烈的市场竞争，《西安晚报》以"晚报，不晚出"抗衡主要由《华商报》领衔的西安本地都市报风潮。《华商报》创刊于1995年元月，1997年7月改版，报纸发行量由改版前的不足2万份迅速增加到 2014 年的 60 余万份。2008 年,报社广告收入超过 6 亿元,可以说是中国都市报的一个传奇。仅以所能搜索到的 2014 年数据为例予以说明。

表 7-1　　　　　　2014 年上半年西安综合类报纸销量排名

报纸名称	销量排名	市场份额(%)	覆盖率(%)
华商报	1	61.35	100.00
西安晚报	2	25.89	90.24
三秦都市报	3	11.76	84.15

数据来源:北京世纪华文国际传媒咨询有限公司。

　　陕西广播电视台 2011 年 8 月 5 日由陕西人民广播电台、陕西电视台合并而来,拥有新闻广播、陕广新闻、交通广播、汽车调频、农村广播、音乐广播、戏曲广播、故事广播、秦腔广播与青春广播等 10 余套广播节目,陕西卫视、农林卫视、新闻资讯、都市青春、生活频道、影视频道、公共频道与体育休闲等 10 套电视节目。陕西卫视覆盖全国 337 个直辖市及地市县中的 253 个,央视索福瑞 35 城覆盖 34 个,71 城覆盖 60 多个。2015 年覆盖人口 8.77 亿,排全国卫视 18 位左右。农林卫视通过中星 9 号直播卫星服务全国 83270384 户,直接受益农民 3 亿人左右,通过广电网络传输覆盖的服务人口 2 亿左右。地面频道电视综合覆盖率 98.71%。广播综合覆盖率 98.06%。陕西广播电视台新闻中心承担着全台的新闻节目制作职责,新闻中心下设时政组、深度报道组、民生新闻组等不同组别。

　　西安广播电视台于 2013 年由西安人民广播电台、西安电视台合并重组而成的。整合后的西安广播电视台拥有新闻、交通、音乐、资讯、综艺 5 个专业广播频率,以及新闻综合、白鸽都市、商务资讯、文化影视、健康快乐、乐购购物、移动电视 7 个电视频道和西安网络电视台。

　　从最近可以搜索到载于西部网的公开数字可以看到,2014 年上半年陕西广播电视台收听收视情况为,广播两网平均收听率 3.35%,

同比上升9.84%，市场份额72.52%，同比上升2.87%；电视两网平均收视率1.68%，同比下降3.45%，市场份额14.74%，同比上升0.96%。陕西卫视33城市收视率0.04%，同比上升21.21%，市场份额0.318%，同比上升24.7%，排名第24位，保持不变。另一则数据来自广播收听率：

表7-2　　　　　　　　2015年4月西安收听排行榜TOP5

排名	电台	平均收听率（%）	市场占有率（%）
1	西安新闻广播	0.68	13.0
2	西安音乐广播	0.67	12.9
3	西安交通旅游广播	0.55	10.6
4	陕西交通广播	0.49	9.4
5	西安资讯广播	0.37	7.2

数据来源：赛立信媒介研究有限公司。

随着户外活动人群的增多，私家车的普及与城市交通堵塞成为一种常态，广播经历20世纪90年代的下滑之后重又保持着一定的市场份额，这与它伴随性与互动性的媒体特点密切相关。而在电视新闻领域，综合判断，省级新闻媒体以其较大的覆盖面、资源优势相较于市级新闻媒体来说在西安本地具有更大的市场占有率和影响力。陕西广播电视台主打民生新闻的《都市快报》栏目就是一档地方性的"现象级栏目"，据央视索福瑞数据统计，《都市快报》栏目开播至2008年，收视率稳定在7%到8%之间，最高达到13.8%，受观众热捧，也曾引起业界与学界的普遍关注。

我国广电媒体具有"四级办台"的格局，中央、省、市、县"四级办电视、四级混合覆盖"，这促进了广播电视事业的繁荣，但也导致广电媒体的"多而散、小而全"，重复建设和同质竞争的现象比较突出，这从不同广电媒体频道细分的方式上可以窥见。调研访谈中，一位受访对象无意间"现在几乎见不到什么独家新闻了"的说法对此也有所印证。

文化传播的媒介景观

在既有的经济社会发展条件下,如果不能突破政策许可范畴的边界,广电新闻媒体更多只能在既定的市场空间中运作,市场格局难以有大的改变,这一定程度上依赖于区域管理政策的宽松程度。2016年伊始,西安广播电视台推出"电视问政"一时引风潮热议,可视为对此的证明。

第二节 认知接受的大数据影响

身处信息爆炸时代的现代人无时无刻不经受着新名词、新概念与新提法的狂轰滥炸,亦如摩尔定律所预言的那样。传媒业本身就处于社会结构中信息汇聚与交换的节点,沿着"社会精英→大众传媒→普通公众"的创新扩散理论假设,媒体人是获得新知与传播新知相对较早的群体之一,建立起了行业专家与社会大众之间的关联,西安新闻媒体认受大数据这一概念与在中国的创新扩散行动几乎同步,它往往为媒体人中那些最为敏感与具有好奇心的人所知晓,进而画出一个个向外扩散的同心圆。

媒体人层面的大数据认受。互联网理论上抹平了"知沟",身处不同发展阶段的地区和人群几乎可以同时接收来自国际前沿的一手资料,媒体人中的敏感群体通过各种传统渠道与新媒体途径接受着大数据等新概念的轰炸,并以组织内横向的、向上的、非正式的沟通方式向同事与领导进行分享,涵化着一个个行动个体,积淀为新闻媒体进化的基因,埋下变革的种子。

媒体组织层面的大数据认受。相对于非正式的沟通方式,新闻媒体内部从上而下的、正式的与非正式的沟通方式更易于推动新观念形成团体性的组织化的认受。常见的方式为新闻媒体高层管理者日常会话中对于"大数据"的提及,组织内部召开的工作会议上的强调,以及新闻媒体内刊上的推介。比如华商传媒集团的定期推出的内刊《华商传媒》就有大数据等技术的介绍。近几年,由于社会发展的快速多变，学习型组织建设成为大势所趋，西安新闻媒体均加强了工作人员的培训教育工作，这是"大数据"等新知观念播散的又一主要渠道，主要采取三种方式：一为选派骨干员工赴外参加培训交流，如陕西日报社选派记者编辑参加在中山大学开办的新闻实务高级研修班；二为聘请业界精英到媒体内部开展讲座交流传播新知，如陕西广播电视台就聘请"今日头条"高层来台进行专题交流培训，主讲人讲座中直言不讳地讲道："作为新闻APP，'今日头条'并不需要记者编辑，最为需要的是数据挖掘与分析人才。"有关大数据与媒体人素养之间关系后文将进行专门阐释；三为近几年开展的继续教育培训成为面向组织内所有员工的教育平台，如陕西日报传媒集团2016年的继续教育培训活动中，由陕西师范大学新闻与传播学院一位副教授所主讲的主要内容就包含有大数据。

上述有关"大数据"概念导入西安新闻媒体的讨论更多是从普遍共性上着眼；另外，我们也明显感受到导入过程中的差异性，这表现为市场化程度高的媒体相对于体制内媒体对于大数据的认受度要高，报业相对于广电业对于大数据的认受度要高。造成这一局面的原因不难分析，主要包括市场压力、组织文化与媒介性质等方面的因素。

市场压力是新闻媒体所对的外围环境。中国新闻媒体在双重属性上表现为政治属性与商业属性的统一，但就具体对象而言仍然有程度上的差异，比如体制内媒体更易得到政策支持，而市场化媒体则无时无刻不在面对变化无常的市场环境，在传统媒体日渐式微的大背景下，市场化媒体调整转型的压力更大、动力更足，而体制内媒体对市场变化表现出的是钝感，转型发展的外在动力机制不够有效。2016年《华商报》受制于市场压力解散深度调查部就是典型例证。转型是机遇，但转型的过程是痛苦的，因为转型意味着大到国家、中到社会组织、小到个人要从熟悉的发展生存方式上摆脱出来建立起新的模式，个体自觉性需要外在压力的配合去推动这一过程，而外在压力的不足则会导致"大数据"等新思维与新行动的引介不足。

组织文化可以理解为由个体所组成的团体表现出的集体价值观，它可以转换表述为"愿不愿意尝试新鲜事物？""以什么方式尝试新鲜事物？""组织创新求变的动力机制是什么？"等具体问题。"惯于折腾"的组织文化与"偏向保守"的组织文化对于"大数据"等新鲜事物接受意愿显然会有所不同。学者彭兰将传统媒体与新兴媒体的不同概括为组织文化的差异，前者是庙堂文化，而后者是江湖文化，这一定程度上决定了它们面对"大数据"等新鲜事物上的不同态度。组织文化与激励机制密切相关，不做就不会出错，没有相应激励措施和评价体系的配套，那么"折腾了又如何"就会沉淀为组织文化中的负面认知，调研中我们发现，个别媒体或媒体人存在着"不漏报、不错报重大新闻就不算失职"的工作标准观念。这些都影响着"大数据"等新事物的认受和新鲜血液的注入。

西安新闻媒体认受层面的大数据影响可以区分为"认识大数据运用的重要性""了解大数据运用的可能性"与"把握大数据运用的适用性"三个不同层次，这三个层次是一个由浅入深、由表及里、由念及物的递进关系。

在"认识大数据运用的重要性"层面，几乎所有的受访对象和新闻媒体都对大数据有所了解，明白其所具有的重要性，传达出诸如《大数据时代的历史机遇》一书宣传语所说"缺少数据资源，无以谈产业。缺少数据思维，无以言未来"类似的表达。但有关这种"重要性"的具体内容并不是都可以讲清楚。

在"了解大数据运用的可能性"层面，受访对象谈话的潜意识层面均将"大数据"与"社交媒体""移动互联网""自媒体""数据新闻""用户"等概念缠绕在一起，这反映了大数据需要与其他技术软硬件共同建构生态才能发挥作用的实情。部分受访对象可以比较清晰地表达出大数据运用于新闻媒体的典型案例和常见做法。

在"把握大数据运用的适用性"层面，部分受访对象认为其与自身实际所从事工作具有一定距离和隔膜,并没有实际运用。大数据成为热点话题已经有三四年时间,经历过初期"咸与维新"的众声喧哗后,迎来的是激情退潮之后的理性省思,一位受访者把大数据带给其所从业媒体的影响概括为兴起期、铺张期与调整期三个阶段,认为"大数据的确是个好东西,但对于地方媒体来说实际的探索运用较难",并且将大数据适用概括为"数据从哪儿来?""数据如何分析?"与"可视化手段有哪些?"三个问题,并在总结自身从业媒体的大数据运用历程后说"做新闻用的都是小数据"。一位受访对象在一篇论文中详述了这一看法:"对报业集团来说,存在着一个普遍而且严重的误解就是:大数据等于数据大。互联网巨头们所拥有的庞大数据且没有一个量级标准,大数据究竟需要大到什么程度,什么样的新技术新方法分析之后能产生多大的效能,根本是很难描述的事情,获取最大量数据及掌握新的数据处理能力对于今天的报业集团来说无异于痴人说梦,主要原因即在于,对每一家报社而言所面临的是生死问题,且时间窗口不知道哪天就会关闭,但可预见的是过程不会拖得太久。因而,一方面承认差距,弥补不足;一方面量力而行,避免形而上学。"[1]

在调研过程中,所有访谈对象都谈到了技术人才对于新闻媒体的重要性,但以目前的从业环境和薪酬体系而言,无论技术力量外包还是自有,都难以完全满足大数据在新闻报道层面的体验感受要求,这已经成为制约新闻媒体及其新媒体发展的瓶颈。一家媒体的技术部门有6位员工,近一两年已经有5位外流至IT公司并获得了更好的职业发展,仅有1位留守技术人才多以"后台重启"的方式开展维系性工作,技术迭代升级就更加无从谈起了。

---

[1] 李明:《报业数字化转型中几个关键问题辨析》,陕西师范大学硕士学位论文,2015年,第20页。

第三节 组织结构的大数据关涉

传统媒体环境下，新闻媒体是唯一且权威的新闻信息发布平台，是建制化的新闻事业的重要组成部分，社会各行各业的信息汇聚进入新闻媒体，并经过媒体的编排广为传播。新闻媒体以织就"新闻网"的方式面对变动的社会现实从而开展报道，这在报业内部表现得最为典型：即通过对应党政机关进行内部采编系统设置，分设政治要闻部、工业与交通部或经济部、财经部、农业部、法律部、理论部等不同部门，记者则对应不同党政机关专注于"跑线"采访专门领域的新闻。部门的横向设置与记者的纵向"跑线"共同编织起"新闻网"，日复一日在社会大潮中捕捞"新闻大鱼"。

新媒体、大数据等新技术推动着新闻业的变革，以"5W"模式衡量，新闻传播的每一个环节都在发生变化。传统意义上的传播者就是新闻媒体，而新媒体背景下的传播者不再单纯是新闻媒体，而以社会化的协作方式进行新闻生产，比如很多新闻都是由自媒体首发并有可能源源不断地提供核心信息，一些权威信息不再经由媒体发布，而是经由政务网站、政务微博与政务微信首发；传统内容也不再是规范的、符合经典新闻价值观的新闻信息，无论从形式还是内容上讲"非驴非马"的混同融合愈加明显；新闻信息的传播渠道分裂为传统媒体、PC端、移动端等并置的状况；新闻信息的传播对象历经从大众到分众、从受众到用户、从精细到个体定制的转变；新闻信息的传播效果则通过记录浏览cookie在全面精细的基础上实现了最大化，另一面诱导用户将自我日渐封闭在"信息茧房"之中，成为无法自拔的"低头族"。

新闻传播模式在发生变化，新闻媒体内部结构也在发生着变化，以此方能应对外部环境的变化。传统媒体环境下的报业内部大体可划分为采编、经营与行政管理三大系统，新闻信息的采集加工由采编负责,围绕版面、活动的各种销售由经营负责,日常管理、拟定战略、绩效考核及后勤保障等由行政管理负责;广电媒体内部可划分为内容生产、广告经营、行政保障、技术支持与播放传送五大系统。

以大数据为代表的新技术对于新闻媒体结构的关涉影响有"大动"与"小动"两种表现。"大动"就是根据新闻传播新的需要调整组织架构,再造流程;"小动"就是在保持现有组织结构不变的情况下,新增新设部门与岗位,承担新的任务与职责。前一种可视为化学反应,改革力度大,深度盘整利益格局;后一种可视为物理反应,改革阻力相对较小,但不免在媒介融合效果上欠佳。西安新闻媒体大多采取的是后一种"小动"方式。

《陕西日报》将原本只是报纸内容平移的网络电子版升级为陕西传媒网,定位于"权威媒体,陕西门户",与三秦网、陕西农村网、西部法制报网、丝路网5个网站组成陕西日报传媒集团的PC端方阵,开通"陕西日报"微博与微信公众号、掌上陕西新闻客户端等新媒体。报纸既有的采编组织架构报纸保持稳定,发挥好党报的"喉舌"功能,以此来应对新闻媒体环境的改变。陕西广播电视台负责运营西部网,联手打造的新闻资讯客户端"陕西头条"装机量已突破50万。

在大数据概念勃兴初期,华商传媒集团先后成立数据技术部与用户数据部两个部门,在原有网络等新媒体功能发挥的基础之上,探索发挥大数据的作用。然而,经过一年多的实践运行后发现并不尽如人意,虽然现在仍然保留着两个部门的名称,但内部技术员工同样呈现高流动性,部门所应发挥的作用大大降低。

"两微一端"已经是传统媒体的标配,"两微一端"需要大数据的推动,同时也汇集了海量数据,可视为新闻媒体组织结构的显著变化。以华商传媒集团为例来解析"两微一端"的新媒体传播阵容。据不完全统计,华商报先后拥有各级别官方微博42个(不包括媒体个人微博),微信公众号有17个,移动客户端5个。

表7-3　　　　　　　　　华商报官方微博统计

华商报微博认证账户统计

类别	数量	详情
客户端类	3	华商报、华商头条、华商播报
周刊类	11	华商报E时代周刊、华商报楼市周刊、华商报汽车周刊、华商报旅游周刊、华商报时尚周刊、华商家居周刊、华商报教育周刊、华商报美食周刊、华商报财经周刊、华商报健康周刊、华商星演艺（读书周刊）
频道部门类	12	华商时政观察、华商新闻摄影、华商报轩际新闻、华商国内新闻、华商社区新闻、华商深度、华商娱乐、华商88880000、家居西安、华商财经、华商品牌营销、今日咸阳
栏目类	7	华商巷议、华商集结坛、华商评论、华商YOU新闻、华商报五星级周末、全集西北狼、华商粉巷
记者站	8	宝鸡、榆林、延安、渭南、安康、铜川、汉中、商洛

华商报官方微信公众号为华商报、华商报旅游周刊、华商报社杨凌区域、华商报汽车周刊、华商房产、华商云健康、华商影像、华商风尚、华商美食、华商粉巷、华商头条、华商财富汇、今日咸阳、华商报今日渭南、华商报今日韩城与华商云教育；华商报移动客户端为华商头条、华商播报、华商圈、华商论坛与华商巷议。

需要指出的是，无论是报纸还是广电媒体，西安新闻媒体内部的不同部门、不同节目、不同版面几乎都拥有自己的新媒体端，但这些新媒体端结构繁复、定位不清、时有断更、缺乏个性的现象较为突出，无法体现社会化媒体的传播效果，它们更多有刷"存在感"的嫌疑而非实际发挥"传播力"。

总体上而言，以"两微一端"为代表的华商传媒集团的媒体融合整体上表现出了不俗的实力，在全国不同的排行榜上位居前列。

表7-4　　　　　　　　　2015传媒集团融合传播排行榜

排名	集团	融合力				传播力				融合传播指数
		终端数量	终端质量	多样性	融合力	覆盖指数	浏览指数	互动指数	传播力	
1	人民日报社	19.8	10.0	8.8	38.7	20.0	20.0	20.0	60.0	98.7

续表

排名	集团	融合力 终端数量	融合力 终端质量	融合力 多样性	融合力 融合力	传播力 覆盖指数	传播力 浏览指数	传播力 互动指数	传播力 传播力	融合传播指数
2	新华通讯社	20.0	9.5	9.1	38.6	19.9	19.2	19.4	58.5	97.1
3	浙江日报报业集团	19.7	9.0	10.0	38.7	18.7	18.2	17.5	54.5	93.1
4	南方报业传媒集团	19.3	8.7	7.8	35.8	19.1	18.8	18.4	56.4	92.1
5	上海报业集团	18.3	8.8	8.2	35.3	18.7	18.4	17.0	54.1	89.3
6	新华报业传媒集团	19.2	8.2	8.3	35.7	19.3	16.5	14.7	48.5	84.2
7	陕西华商传媒集团	18.4	7.8	7.2	33.4	17.4	16.4	16.1	50.0	83.4
8	成都传媒集团	17.6	7.3	5.3	30.2	17.6	16.9	17.0	51.5	81.7
9	山东大众报业集团	19.0	7.8	4.8	31.5	17.8	16.5	14.9	49.1	80.6
10	中国新闻社	15.2	6.6	6.2	28.0	17.2	16.9	15.5	49.7	77.6

数据来源：人民网舆情监测室和中国社会科学院新媒体研究中心合作研发的《2015传媒集团融合传播排行榜》。

表7-5　　　　　2015传媒集团下属报纸融合传播排行榜

排名	报纸	融合力 终端数量	融合力 终端质量	融合力 多样性	融合力 融合力	传播力 覆盖指数	传播力 浏览指数	传播力 互动指数	传播力 传播力	融合传播指数
1	人民日报	18.9	10.0	10.0	38.9	20.0	20.0	19.3	59.3	98.1
2	环球时报	16.8	7.6	8.9	33.3	18.2	18.6	18.2	55.1	88.4
3	新京报	16.6	7.4	8.6	32.6	17.9	17.2	15.4	50.6	83.2
4	南方都市报	15.3	6.3	8.2	29.8	17.0	16.5	14.7	48.2	78.0
5	扬子晚报	15.8	6.9	8.2	30.9	16.5	16.2	13.7	46.4	77.3
6	21世纪经济报道	14.2	5.6	7.5	27.3	16.4	16.6	16.0	49.0	76.3
7	成都商报	15.7	5.8	5.7	27.1	16.4	15.8	16.8	49.1	76.2
8	钱江晚报	16.6	6.4	5.7	28.7	16.0	16.0	13.4	46.4	75.0
9	华商报	14.4	5.8	7.9	27.7	16.3	15.6	12.8	44.8	72.5
10	新闻晨报	12.7	6.3	5.4	24.4	17.0	16.8	14.3	48.0	72.4

数据来源：人民网舆情监测室和中国社会科学院新媒体研究中心合作研发的《2015传媒集团融合传播排行榜》。

表 7-6　　　　2015 中国报纸移动传播百强榜（前 20 位）

排名	报纸名称	总分
1	人民日报	93.94
2	环球时报	82.10
3	南方都市报	80.94
4	参考消息	80.79
5	南方周末	80.39
6	每日经济新闻	78.50
7	广州日报	78.12
8	成都商报	77.86
9	新京报	77.82
10	钱江晚报	77.31
11	楚天都市报	76.71
12	都市快报	76.53
13	21 世纪经济报道	76.36
14	羊城晚报	74.49
15	华商报	74.20
16	华西都市报	73.31
17	解放军报	72.80
18	大河报	72.19
19	现代快报	71.93
20	半岛晨报	71.84

数据来源：人民网研究院。

有关西安新闻媒体融合传播整体表现的数字目前无从知晓，但由清华大学"@新媒体"团队旗下清博指数提供支持的"陕西地区微信公众号数据一览"中的"陕西传统媒体微信公众号周数据报告"则提供了一定的佐证，我们以第 50 期为例：

第七章 大数据对西安地区新闻媒体的影响

陕西地区微信公众号数据一览
陕西传统媒体微信公众号周数据分析（50期）
（2016年06月12日 - 2016年06月18日）

欢迎关注公众号，手机打开微信搜索：isxmedia   交流QQ群：169484489

排名	公众号	文章数	阅读量	平均阅读	点赞数	头条	传播指数
1	陕西都市快报	46	1398760	30408	3607	359253	1098.13
2	华商报	70	1220379	17434	6227	648092	1075.55
3	陕西交通广播	68	623157	9164	1770	323589	938.85
4	秦腔广播西安乱弹	18	210250	11681	700	146934	855.29
5	铜川新闻第1线	20	171478	8574	528	111320	820.24
6	西安晚报	36	210952	5860	853	90536	799.41
7	公益记者	15	142089	9473	614	64371	799.14
8	汽车896	72	253503	3521	972	117685	750.24
9	陕西广播电视台乐淘淘	30	209279	6976	183	88891	745.82
10	909渭南交通广播	32	98198	3069	708	46517	705.25
11	飞机城生活报	15	84628	5642	297	45594	700.26
12	安康日报	42	93407	2224	832	46800	666.51
13	咸阳日报亲网	37	80277	2170	229	52869	636.47
14	神谝陕西	3	19337	6446	46	2623	611.39
15	韩城新闻	56	88989	1589	414	19423	609.64
16	快报妈咪	27	67987	2518	125	30415	601.1
17	第一新闻	35	59694	1706	231	27005	587.25
18	宝鸡日报	52	62659	1205	501	24164	586.2
19	陕西音乐广播	30	49496	1650	284	36263	579.95
20	陕西新闻	37	43660	1180	341	14301	555.56
21	渭南日报	49	52212	1066	368	13975	548.18
22	新兴平	28	26290	939	401	8743	515.98
23	视频神木	35	37199	1063	138	16248	512.18
24	榆林日报	41	38634	942	143	12187	508.2
25	咸阳日报	35	32717	935	116	13644	493.09
26	今日咸阳	37	27394	740	98	10354	473.54
27	西安吃喝玩乐杂志	7	8957	1280	107	8704	470.17
28	泾阳电视台	31	17121	552	432	4949	454.94
29	陕西卫视	30	15850	528	116	4229	441.07
30	西安4套文化影视频道	15	11000	733	35	5949	406.44

图 7-2　陕西传统媒体微信公众号周数据报告

数据来源：清博指数。

正如上文所分析，面对新媒体技术，西安传统新闻媒体内部组织结构的变革大多采取的是"小动"的方式，那么国内新闻媒体组织结构有没有"大动"的案例，兹以人民日报全媒体平台（中央厨房）为例进行说明。

人民日报全媒体平台（中央厨房）于2016年2月19日正式上线，"中央厨房"是人民日报推进媒体融合发展的全媒体大平台，生产丰富多彩的新闻大餐。下图显示了"中央厨房"的新闻生产流程：

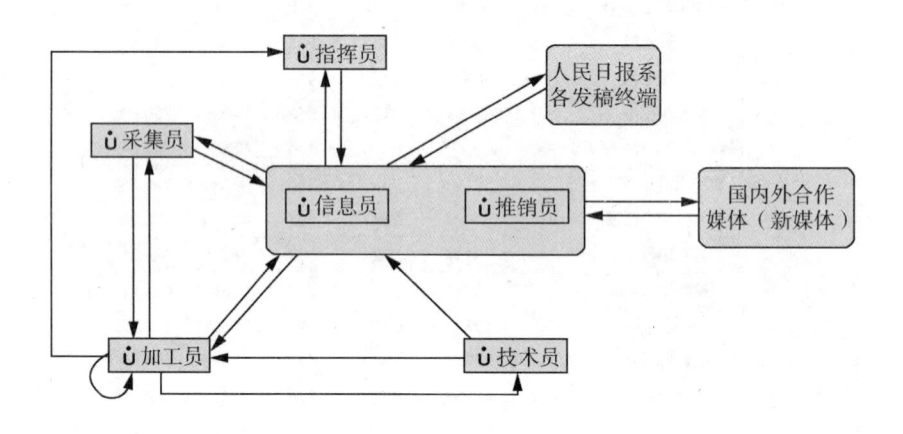

图7-3 "中央厨房"的新闻生产流程

下图显示了"中央厨房"中媒体人的角色职责：

调整传统记者编辑的角色定位，改变由上到下的线性指挥方式，"中央厨房"中的角色分工为，指挥员：全面统筹人民日报社旗下所有媒体的相关报道，不仅仅是一张报纸；采集员：前方记者，除了写成品稿件，还必须提供多种多样的素材给后台；加工员：服务前方记者，但与传统编辑不一样——他的职能不是改标题，而是对内容进行深度加工，同时参与制作音视频、H5、游戏等内容产品；技术员：工种覆盖美编，UI、UE设计，H5程序开发员，视频编辑，职能由数据新闻可视化实验室承担；推销员：把产品推向各个终端、海内外合作媒体；信息员：信息中枢，对接与回收各类需求，可自动联想"点菜员"。

第七章　大数据对西安地区新闻媒体的影响

图 7-4　"中央厨房"中媒体人的角色职责

据报道，"中央厨房"投入运行后，部门之间、单位之间的分隔不见了，记者、主编、主任的层次减少了。过去的"分灶吃饭"变成了现在的"中央厨房"。① 实现了重大报道"一体策划、一次采集、多种生成、多元传播、全天滚动、全球覆盖"。《羊城晚报》《湖南日报》均已经开始"中央厨房"运行模式的实践运用。

第四节　新闻生产的大数据运用

近些年，有关"新闻生产"的提法日益增多，大有取代、涵盖新闻媒体业务层面的"采编""经营"等书面语之势，简单说来，这一话语的出现可从以下几个方面予以分析：第一，"新闻生产"将"新

---

① 何炜：《"中央厨房"——探索融合新闻生产新模式》，人民网—传媒频道，访问日期：2016 年 8 月 22 日，http：//media.people.com.cn/n1/2016/0822/c120837-28656152.html。

151

闻"的出品纳入到了马克思社会生产的"生产——交换——分配——消费"四环节中,从而将技术、业务层面提升至社会交换的高度;第二,从社会分工的视角,"新闻生产"标注了其作为社会大分工的一个特定门类的属性,但凡"生产"必然是协作与配合的,传统媒体环境下是内部采编、经营人员之间的协作,而新媒体环境下是社会化生产协作,专业生产内容(PGC模式),用户生产内容(UGC模式)、职业生产内容(OGC模式)与算法生产内容(AAC模式)相互激荡;第三,从新闻传播的角度而言,传统媒体环境下,媒体人的工作止于新闻刊载或播出,而在新媒体环境下,这只是新闻传播的第一步,新闻的推广、与目标用户的对话、经营目标的实现均需统筹考虑。

新媒体背景下,新闻生产从传统的组织化生产向新媒体平台转移,通过与公众互动进行新闻生产,体现出新闻生产的互动性、及时性与广泛性。① 本节有关西安新闻媒体新闻生产中的大数据运用主要从来源、呈现与监测等维度进行讨论。

新闻来源是新闻出处,传统媒体环境下新闻来源的主要获得渠道是党政机关、企事业单位、热线报料、记者本人的社交圈以及其他媒体已有的报道。但是大数据影响之下"其来源将发生结构性变化。物联网中传感器采集的数据(包括移动互联网中的地理位置数据)、社会化媒体中的用户生产内容(UGC模式)以及新媒体中的各种用户数据,将得到更为广泛与深入的应用。也就是说,非专业媒体人甚至是非人工采集的信息将占有越来越大的比重。"②

以大数据作为新闻来源,通过调研主要表现为以下几方面特点:第一,新媒体技术条件下,调研对象所从业媒体仍以传统方式获取新闻线索,新闻来源并没有发生明显变化,这跟媒体的性质有关,也跟

---

① 刘义昆、赵振宇:《新媒体时代的新闻生产:理念变革、产品创新与流程再造》,《南京社会科学》2015年第2期。

② 彭兰:《大数据时代新闻信息资源的结构性变化及其影响》,《中国广播电视学刊》2013年第7期。

支持力度有关。一位调研对象说，"如果单位能提供大数据，我们做稿子就会更有说服力，特别是做一些深度报道。"第二，大数据资源多为BAT等互联网巨头公司所掌握，一般媒体并不掌握大数据资源，难以将大数据作为报道援引资源。新闻媒体本身积累了丰富的数据资源，但存储成本高企，自身有效挖掘不足。一位受访对象说"数据工程本身就是'一把手'工程，与媒体高层的重视程度直接相关"。例如华商传媒集团已经开建商业项目"媒体私有云"，面向行业提供数据存储服务。第三，新闻媒体通过两种渠道获取大数据，一方面是BAT、今日头条的"主动提供"，希望具有影响力的新闻媒体在报道中加以引用从而拉升市场占有率；另一方面是媒体内部的技术部门通过爬虫技术（Python）围绕某一问题从各种渠道搜集到的大数据，进而生成可视化图表，辅助新闻报道。而无论哪种渠道获得的大数据，都各有问题。一位受访对象说，这些数据与最后形成的报道主题都有一定距离，实际中并不太用。

大数据即是一种技术，也是一种思维方式，即尽力拓展新闻来源提高新闻传播的互动性。《华商报》在2012年伦敦奥运会的报道中将以往"我写你看"变为"你问我写""你问我答"，以《奥运我提问》为主线进行互动式报道，通过微博、微信、QQ群、BBS论坛、热线等渠道征集读者的问题，寻找读者们关注焦点，统领奥运会的日常报道，这是大数据思维方式在新闻生产中的有益运用，扩大了新闻来源，提高了传播的有效性和精准度。

大数据时代，专业生产内容（PGC模式），用户生产内容（UGC模式）、职业生产内容（OGC模式）与算法生产内容（AAC模式）等新闻生产模式并置，急速扩大了新闻来源。总体上看，西安新闻媒体开拓大数据作为新闻来源的力度有限，这既有客观条件限制也有主观原因。

大数据新闻是大数据影响新闻生产最为直观的呈现方式，《华商报》2013年7月改版后，报纸A叠每周新增数据新闻版，以可视化方

文化传播的媒介景观

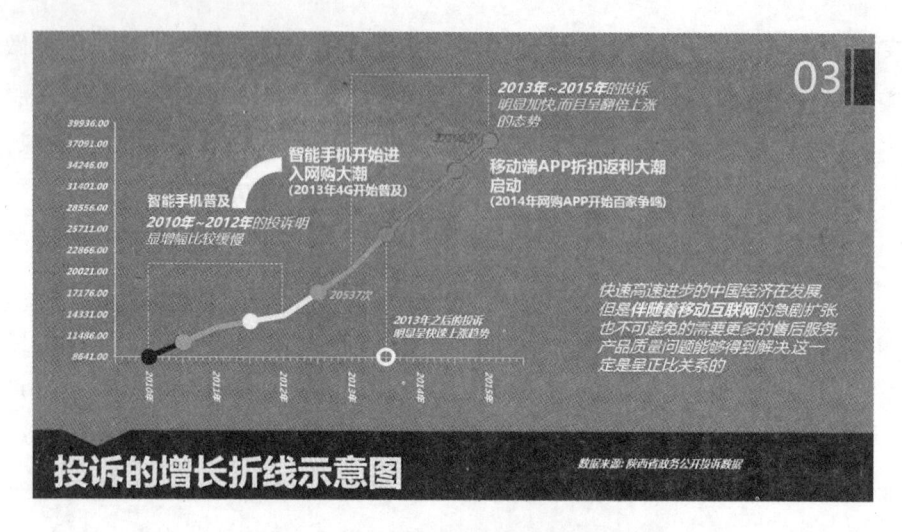

图 7-5 "3·15"消费数据及投诉分析

数据来源：受访对象内部资料·部分。

图 7-6 抑郁症及自杀数据分析

数据来源：受访对象内部资料·部分。

式呈现经由数据挖掘出的新闻。但翻阅该报近两年的报道，这个版面并不能定期出现。

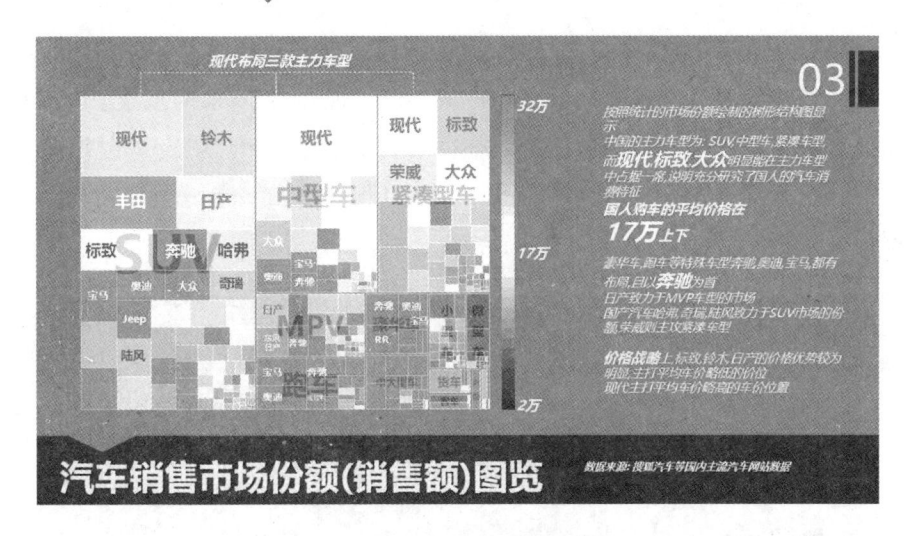

第七章 大数据对西安地区新闻媒体的影响

图 7-7 汽车投诉相关的数据分析

数据来源：受访对象内部资料·部分。

图 7-8 《华商报》2013 年 8 月 16 日《纵深·数之道 A8 版》（左图）与同月 23 日《纵深·数之道 A11 版》（右图）

文化传播的媒介景观

放眼国内新闻媒体，将大数据与新闻呈现成功结合的案例是百度迁徙与央视在春节期间开始推出的"'据'说过年"系列报道。"百度迁徙"基于3.5亿部智能手机，通过对百度地图LBS开放平台每天响应100亿次定位请求数据挖掘分析，以可视化方式全程、动态、即时、直观地展现春节前后人口大迁徙的轨迹与特征。

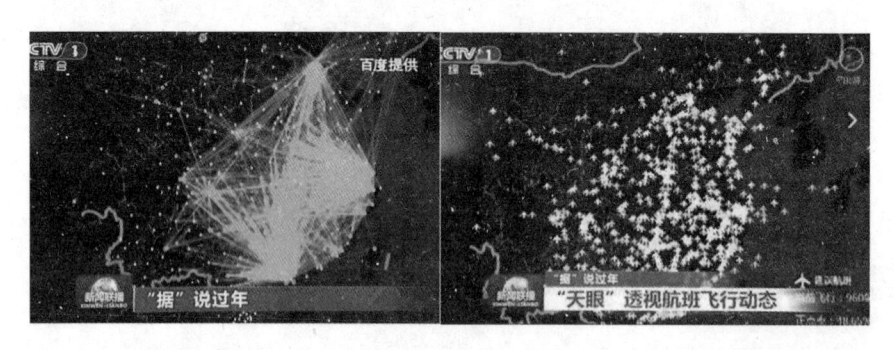

图7-9 《新闻联播·"据"说过年》2015年2月11日与2月14日

报纸传统的订阅、零售状况可以提供读者群的模糊描述，而抽样调查的可信性又容易受到质疑。一位受访对象对某些机构发布的发行数字等不以为然，称从未了解到周边亲朋接受过类似的调查，对于此类数字持有怀疑态度。广电视听率则以样本家庭为依托，所得出的数字仍然具有局限性。而大数据则将用户调查方式从"抽样"发展到了"全体"，极大提高了对于发行、试听、装机及用户数字把握的精确性。大数据不仅可以作为新闻报道的内容，也可以作为了解受众即用户的依据，通过数据对用户的需求以及行为习惯等进行分析，可以提供更符合受众需要的新闻报道。

传统媒体的新媒体端一方面可以通过注册登录获取用户更为详细的个人资料；另一方面则通过记录用户浏览偏好进行同类新闻信息的推送实现精准传播，如"今日头条"APP。后一种方式受到了受访对象的一致批评，那意味着用户的信息接收愈加走上一条窄化之路，视野会变得愈加狭窄，为"信息茧房"所束缚。但事情的吊诡之处在于，人们所批评的往往是他们所爱恨交加的。

收视率是电视媒体的指挥棒和评价器，传统收视率以样本家庭为单位进行统计分析，通过央视—索福瑞、CTR等媒体研究公司、市场调查公司提供的数字做出判断与决策。以抽样的方式进行调查，在观众对象的把握上难免有缺憾。而大数据技术的引入，则将调查对象几乎扩展到了全体观众。

一位受访对象解释了监测并获得收视率后做出的反馈行动，即通过分析由点分钟构成的收视曲线来分析节目的成功和不足之处，为后续节目制作提供策略支持。酷云（Eyepro）就是一款基于电视机和机顶盒采集的电视大数据产品。

酷云数据来源于家庭联网终端包括智能电视机和机顶盒的实时数据回传，终端包括智能电视机、机顶盒和有线运营商的数据。2016年酷云大数据用户数量将超过一亿。可以准确分析中国电视屏用户触媒行为及用户肖像、消费数据。对于电视媒体来说，它可以做到，"实时了解竞争对手的节目表现，合理编排节目，对节目内容进行把关；合理安排广告插播，实现广告效果最大化；跨屏追踪用户的电视收视和消费行为，直观地实时监测投放的广告效果；节目播出完毕一定周期内，分析广告主的产品消费数据，帮助监测用户消费变化，评估广告效果；为节目IP在未来的广告营销及全产业链开发提供借鉴与指导。"[①]

当然需要指出的是，广电新闻媒体中的新闻生产并不全以视听率作为评价标准，对于各级新闻节目来说，它们承担着更为重要的政治宣传任务。

一位受访者将目前从业媒体大数据在新闻生产中运用出现的问题概括为三：数据量不够、不够持续与不够精准，"与其说在用大数据，不如说在用小数据"。

---

① 《酷云互动·大数据服务简介》，http://www.kuyun.com/product_data.html。

文化传播的媒介景观

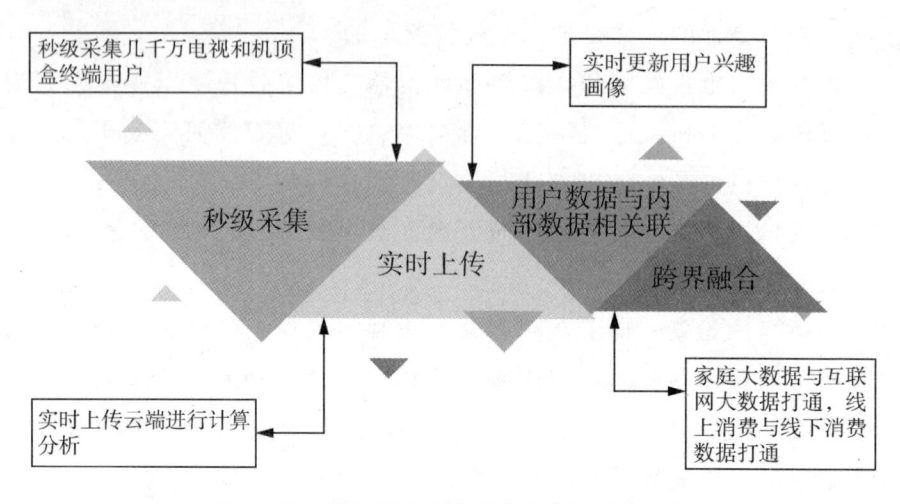

图 7-10 酷云互动大数据的特点及运作流程

第八章 大数据对西安地区广告公司的影响

第一节 西安地区广告公司简况

广告行业是一个具有很强依附性的行业,广告公司的发展依赖于它所处的环境,西安的广告公司也难以避免地存在着一些问题,从广告公司营业额的角度来看,西安广告公司已经摆脱了初级作坊式的,营业额水平整体较低的状态。从广告业务范围上来看,西安广告公司的业务范畴已有从策划、创意、设计等传统的领域向公关、咨询等上下游产业拓展的趋势。西安广告公司仍偏重传统的广告创意、广告设计、广告代理,在策划执行、公关、新媒体以及综合服务类领域比重小。在新媒体盛行的现在,越来越多的广告公司也开始通过新媒体来与消费者进行沟通。据调查,已有73%的广告公司开展了新媒体业务,且普遍认可新媒体带来的机会。[①] 从广告公司与客户关系方面来看,西安广告公司的客户来源主要是朋友介绍、自身品牌知名度、业务员公关以及广告业常用的比稿形式。此外西安广告公司的客户以本地客户为主,一项2010年的抽样调查发现,西安广告公司的营业额

---

① 李亦宁、刘丽:《西部本土广告公司竞争力及其发展路径研究——基于西安本土广告公司的市场调研分析》,《新闻界》2015年第19期。

70%来自于本地客户，16.9%来自省内其他县区，13.1%来自于省外客户。此外，广告公司的发展离不开一支稳定、高素质的广告业务团队，根据调查数据，大部分广告公司的工作人员以本科学历为主，大专次之。但对于西安广告公司来说，其公司人员流动太强，在公司工作一年以下的人员高达40.45%。[1]

西安广告公司的总体特征可以描述为：第一，西安广告公司经营规模相对较小，人员数量少；第二，西安广告公司客户以本地客户为主，客户资源相对稳定，并与本地市场有较强的贴近性；第三，个体私营广告公司在西安广告公司中居多，广告公司的运营周期短；第四，西安广告公司发展水平还有待提高，自身竞争力不足；第五，与国际或者北上广的广告公司相比存在明显差距，西安大多数广告公司成立时间较短，没有形成很强的企业文化和企业理念；第六，西安广告公司高素质专业人才短缺，西部整体广告行业的客户审美、战略思想还比较陈旧，对广告公司的专业及价值认知不足，以及广告公司对员工薪资待遇不高等因素导致西安广告专业人才外流。

大数据和新媒体的发展使得广告传播环境发生了变化，虽然西安大部分广告公司对大数据的使用并不明显，但大数据对广告传播环境的影响真实存在，无论是西安还是全国，大数据对广告传播环境带来的变化是不容忽视的。

大数据对所有人和所有地区都是公平的，大数据和互联网的价值对于一个学习型并且关注新锐型的广告人来说是一样的，不管是西安还是北上广地区，广告公司关注的是全球的信息资源而不会仅限于本地。在整体上，整个广告的传播环境都在由大众传播向个众传播变化，广告公司也在由以前的创意互动到数据驱动变化。但是，西安和北上广相比，在广告传播环境层面来看，北上广地区由于经济发展水平高，

---

[1] 李亦宁、刘丽：《西部本土广告公司竞争力及其发展路径研究——基于西安本土广告公司的市场调研分析》，《新闻界》2015年第19期。

人们的眼界和思维开阔，容易接受新事物，并且愿意跟上其发展潮流，因此对于北上广地区来说，社会生态环境让它们更容易使用大数据，而西安本身经济发展水平不能与北上广地区相媲美，此外西安地区的人们思想比较保守，对新鲜事物接受较慢。虽然广告公司中广告人的思维在跟着整个广告传播环境变化的趋势在变化，但是西安的广告公司服务的大多是西安本地的客户，而西安本地的客户思维方式还比较陈旧，对新事物，新的变化趋势不能完全接受，此外，西安的地域生态环境也导致西安广告传播的变化趋势没有北上广地区明显。

第二节 大数据对西安广告公司观念层面的影响

大数据时代，各企业对大数据核心思想以及对其理性正确的认识成了企业发展和利用好大数据和大数据技术的前提，广告公司也不例外，正确的理解和使用大数据，将推动广告公司跟上时代潮流，向前发展。

对于西安的广告公司来说，大数据思维的具备成为广告业运用大数据的关键所在。对于广告公司来说，在大数据还没有广泛普及之前，广告公司做决策前期，公司为了拿下项目，必须去做大量的调研，调研公司会对这些调研问卷做一个分析，但是由于调研公司做分析的过程中存在抽样误差的问题，所以虽然大家走了调研和得出结论的流程，但往往调查结论与事实不符。这在一定程度上影响到了网络和调研公司提供给客户或者甲方数据报告的客观性。而现在随着互联网的快速发展，大数据的普及受互联网思维的潜移默化，广告公司在做决策时，会通过一些手段，例如通过付费或者咨询的方法拿到一些所需要的数据，数据分析所得出的结论成为项目决策的主要依据。

大多数广告公司都认识到了大数据的数据繁杂多变，来源也是千变万化；真正的大数据，并不仅限于文字、视频、声音、位置、图片等，而是从不同维度传来的碎片化信息。同时，大数据强调趋势和预测未来。大数据不重要，重要的是使用大数据的人。因为即使面对完全一样的数据，不同的人得出的结论或者决定也可能是千差万别的。这也就要求广告公司的决策人首先应该具备高智商，其次应该具备数据的分析能力，不断地学习。

广告公司对大数据的认知主要有两点：一是它的过往性；二是它的局限性。过往性是指所有的数据都是过去式；局限性即大数据并不是万能的。可以说，在计算机和互联网产生的时候，数据也就随之产生了，互联网实现了数据的"数字化"和"网络化"，是计算机和互联网赋予了大数据生命力。大数据的量变积累引起质变有了大数据技术、大数据思维。在人人都在议论大数据的当下，对于西安大多广告公司来说大数据仅仅是一个噱头，因为大多广告公司并没有真正意义上的让大数据发挥其巨大价值，更多的广告公司可能仅仅在使用一些小数据去忽悠说服客户。对于广告公司而言，大数据再大，做广告决策的永远是广告人，所以必须承认大数据是一种技术工具，用数字说话，靠数据分析，是科学和进步的思维方式。广告人把大数据作为一种自己做广告策略方案的工具，大数据使得广告人可以优化自己的广告创意策略。

对于广告公司来说，大数据的使用，让目标市场数据化，帮助广告公司优化广告策略和创意，同时，也减少了广告的制作和投放成本。但是，我们在认同大数据给广告公司带来利益的同时，也应该正确、客观地对待其局限性，只有正确认知大数据并正确使用，才能使其更好地服务于公司。对于大数据是否等同于高价值这一观点，根据调查分析发现，西安从事广告行业的大多数人认为大数据等同于高价值，仅仅只有很少数人认为大数据不完全等同于高价值。实际上，数据量大小是相对的，并且不能成为衡量数据价值的唯一标准。大数据中存在许多不真实的数据，因而数据的价值利用率也相对较低。

大数据的来源大致有两类：一类是科学实验数据；另一类来自于社会活动。广告公司之所以非常重视大数据，是因为它可以全面记录目标人群的生活及消费行为。但广告公司对大数据的使用还存在一些盲区，互联网为主产生的数据充满了虚假性、重复性和不完整性。而广告公司的大数据绝大多数来自网络产生的数据，这样产生的大数据，在广告公司的应用不完全能够正确地发挥价值。大数据的精准性也是非绝对的。大数据、新媒体的发展，加剧了"碎片化"群族的出现，而这样的群族对广告信息，广告传播媒介等都有不同的偏好，这使得数据量剧增，要从这些数据得出真实的结论，还存在不确定性。

大数据在广告营销中的价值，主要表现在四个方面。第一，利用大数据对用户的个性特征和行为分析，做到对"碎片化"受众的深刻认识。大数据可以利用数据挖掘技术，捕捉目标受众在网络上的行为数据，通过这些数据分析归纳目标受众的消费理念、消费习惯等方面的特征，做到比受众更了解受众自己。这可以指导广告公司具体的广告活动。

第二，利用大数据做到对不同受众的个性化营销，广告公司运用大数据对"碎片化"目标受众准确认识，并能够顾及媒体环境中受众的习惯，对"碎片化"受众进行个性营销。

第三，广告公司通过对大数据的分析做到广告与营销信息的精准推送。比如一个企业在使用微博这个媒体做广告，企业要想提高其品牌知名度，就必须将一些粉丝转化为自己的潜在用户，这就需要企业利用大数据技术去准确地了解粉丝及其互动内容，从而分析筛选出目标受众，并精准地推送广告和营销信息。

第四，广告公司可以通过大数据做到对广告效果的精准评估。大数据的普遍使用，使得广告公司开始改变原有的广告效果评估方式，传统的是通过收视率、网络点击量、报刊发行量等，而现在大数据可以对广告传播活动进行实时监测。

搜房网作为一家独立垂直网站，集生产商、供应商、零售商于一体，为全国用户提供房地产资讯等业务，而广告营销业务是其最主要的业务，在广告营销层面，搜房网有自己专门搜集房地产数据的平台来充分利用大数据价值，根据平台上的这些数据，搜房网可以有效地为客户推荐匹配客户需求的房源，比如西安搜房网给用户精准推荐房源的案例①，就做到了对"碎片化"受众深刻认识并推送符合受众的购房信息。

搜房网根据用户在网络上留下的浏览记录、搜房信息等，在搜房网数据监控中心分析出用户的需要，为客户推荐精准的房源信息，根据数据监控中心的数据发现该用户需要 55 万以内三房，社区绿化好，尽量在南郊区域，户型建筑面积大小在 80—100 平方米之间，单价在 5000—6500 元左右，次年年底前可交房，喜欢方正点的户型，朝南的房子，客厅得有阳台，采光要好等信息精准匹配出用户需要的房源，并给出价格预算和地理位置。

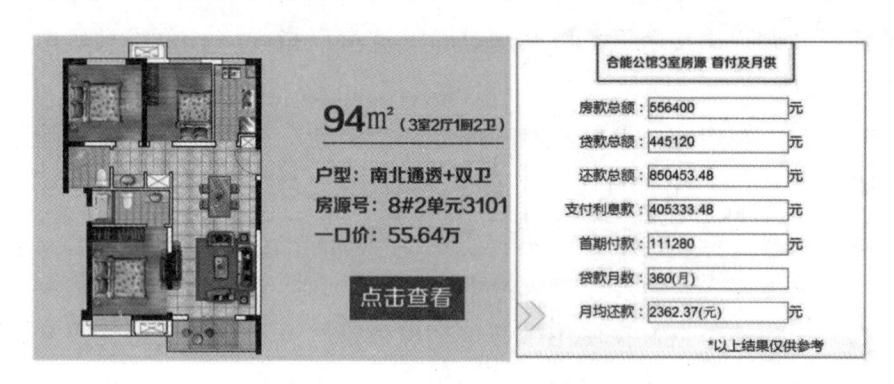

图 8-1 搜房网网络广告

大数据时代到来，新媒体的发展，让广告形式更加丰富多样，广告传播环境的变化，使得大多数广告公司开始对广告重新定位。互动是广告一直以来追求的效果，但传统媒体上的广告很少能做到与受众进行互动，但是现在新媒体的广泛使用，使得广告真正做到了与受众的点对点互动。现在的广告已经不仅仅是商品信息单向的传播，而是

---

① 房天下：《2016 西安买房攻略——家庭置业方案之 55 万内 3 房》，2016 年 5 月。

引导消费者，并与消费者产生互动的信息传播。

传统广告公司在运作和发展中具有较强的依赖性。广告公司很多时候受到广告主的限制，传统的广告公司一定程度上对优质媒介也有依赖性。因此广告公司与广告主、优质媒介之间界限分明。但是现在新媒介的激增，广告传播环境的变化使得广告公司对自己的定位也开始发生一些变化，广告公司开始探索混合媒体营销方式，即通过在多样化的媒体平台上运作广告资讯，获取更多的受众注意力。广告公司通过对不同媒介的整合和利用，成为广告资讯的运作者、整合者和传播者。

第三节　大数据对西安广告公司运营层面的影响

在大数据的影响下，广告公司开始潜移默化地发生着一些变化，广告公司的服务内容，组织结构以及工作流程发生了变化，一些广告公司也开始转变自己的发展战略以使自己发展得更好。

大数据影响到广告公司服务对象的变化。媒介数量和媒介种类的增加，使得消费者行为发生了变化，广告公司为了让广告传播更有效，必须全面地覆盖"碎片化"的受众行为。无论是正在转型中的广告公司，还是初创的广告公司都应该增强跨平台传播和跨媒介营销。

创意一直都是广告业的灵魂，伴随着大数据的普及，对于正处于转型中的广告公司创意不再仅限于广告内容，更多的是沟通方式和渠道，广告公司利用大数据可以真正做到广告内容精准投放，广告效果精准可控，但是这些处于转型期的广告公司虽然正在使用一些大数据，但是受到西安整体生态环境的影响，大数据只能作为一种思维方式被使用，并不能改变广告公司整体的服务内容，最终的广告决策依然取决于广告人而非大数据。这样的广告公司现在必须重塑，在战略策划、系统解决、整合营销等方面全面提升自身实力。而对于一些初创的广

文化传播的媒介景观

告公司和一些规模较小的广告公司而言，大数据并没有对其在服务内容上产生明显的影响，只是广告人具备使用大数据的意识，在潜移默化之中具有大数据的思维，但是受到一些因素的限制，这些公司并不能真正地使用大数据。

组织结构和工作流程的变化也是一个典型特征。广告公司的工作流程一般采用的是生产线的模式，这种模式对时间和广告预算的可控性较强。但大数据的使用使得广告受众在新媒介上的反应时效实时化，因此，传统的生产线模式的工作流程也做出了改进，原先的广告公司流程一般是先有广告主，然后由客户部负责沟通，明确合作意向之后做策划，策划完才是创意、媒介购买等一系列后续行为，而在这一流程中，只要一个部门的人拖延，就会导致整个流程变慢。现在，在大数据影响下，更不允许一个部门的拖延，否则会造成公司很大的损失。因此，广告公司应该让组织结构更具灵活机动性，去掉一些不必要的内部层级制度。理想的工作流程不应该是生产线模式的，而应该是各部门成员之间可以跨部门的互相帮助，共同应对时刻变化的用户反应，以提高工作效率，Apex 奥美陕西办事处的文案负责人说自己平时也会参与策划，公司全部人员对重要数据共享，每个人都可以参与分析讨论。此外，在大数据的影响下，广告公司去掉了一些内部的层级制度，减少了公司劳动人员，优化了公司的人员分配。但对于一些以设计为主要服务内容的广告公司和一些初创的广告公司而言，大数据对其工作流程和组织结构并没有产生明显的影响。

战略发展的变化。大数据思维影响广告人的决策，深入了解消费者的心理和需求对于广告公司至关重要。大数据对广告公司战略发展的影响是普遍的，大数据的巨大价值，让广告公司迫不及待地想要自己开发平台获取大数据，比如，北京微众文化传媒有限公司就有自己独特的产品服务，主要体现在四个方面：第一，微众传媒拥有自己的大数据挖掘系统，通过专业的数据系统，从 6 亿互联网用户、各大网站和论坛中精准挖掘到目标客户群；第二，微众传媒拥有客户垂直管理系统，可以通过此系统，与已确定的目标客户进行一对一沟通，准确了解客户的需求和反馈；第三，产品社交化销售系统，通过此系统，实现规模化销售；第四，微众传媒开创了属于自己的独特的微营销平台——微众云商通，微众云商通是微众沉淀的小米成功经验，结合自身强大技术打造的社会营销系统。在具体实施过程中具体表现为：首先通过微众云商通这个系统平台，寻找粉丝代表，接着建立粉丝社群，完善沟通渠道，最后管理社交验证。

像微众传媒这样有自己的数据挖掘系统的广告公司在西安也有，如良品观广告公司。但对于西安大部分的广告公司而言，并不完全具备像北京微众传媒这样的大数据的处理技术和系统，只具备大数据的思维方式。对于转型中的广告公司来说，大数据的技术和思维以及大数据的高价值，让这类广告公司迫切想要利用大数据，但是，目前受到各方面条件的制约，西安广告公司大部分使用的大数据都只能通过其他手段获取，并不能真正的与数据服务公司进行深度合作。此外，一些广告公司并没有真正地使用大数据，或者说只是在使用一些数据调研之类的小数据。

技术的发展也影响到广告公司对人才素养需求的变化，互联网的迅猛发展使得越来越多的消费者把精力转向了移动互联网。数字化技术几乎包围了消费者的生活，广告公司也需要对自身进行调整和完善，以适应数字化的生活方式。

以前，广告公司看重的是创意型人才，要有创新的想法，但是现在随着大数据的普及和使用，广告公司在重视创意人才的同时，更注重数据分析人才和高智商爱好学习的人才。根据在西安麦道品牌传播有限公司的访谈了解到，广告公司需要的广告人才首先要有一些数据的分析能力，其次需要有持续的学习的能力，比较高的智商。有时名校或者很好的考试能力只能代表一定程度的智商，但在广告行业，智商代表着广告人对人、对事、对社会、对整个世界的理解，基本的逻辑思维能力和判断能力，同时自己的个人素养也要相对高一些。此外，

文化传播的媒介景观

在 Apex 奥美陕西办事处的访谈中也了解到广告公司需要的不仅仅是广告专业毕业的人才，还包括理工科技术人才、人文和艺术类人才等。因此，在大数据的影响下，广告公司要提升大数据技术和分析能力，专业广告人才无疑是重要的发展要素，所以广告公司需要召集各领域的人才，把这些人才召集到、培训好，才能提升广告公司自身的市场竞争力。

随着大数据的普及和广泛使用，西安广告公司，无论是处在转型中的广告公司，还是传统的广告公司，意识上都想利用大数据的巨大价值，来服务自己的广告业务，但对于大数据的利用还存在技术限制与人才缺乏等方面的问题。

技术限制方面，首先，在数据处理过程中，西安广告公司使用的大数据大多是通过付费、找人，或者其他的渠道获取的，自身不具备采集处理分析大数据的技术能力；其次，西安大多正在转型的广告公司有自己挖掘、处理、分析大数据的意识，但由于西安生态环境以及客户的传统思想观念，导致广告公司对大数据的挖掘、处理、分析的技术只能停留在意识阶段，而不能付诸行动；最后，在数据的输出上，如何将繁杂的数据，更简洁更清晰地呈现给受众，都存在着缺陷。

人才缺乏方面，首先，西安受到发展环境的限制，本身大数据的数据分析平台不成熟，而要想充分地利用大数据的市场价值，不仅需要有可以分析数据的软件支持，还需要有分析数据的人才，而这两点在西安地区都有缺陷；其次，由于目前西安大部分广告公司自身不具备数据挖掘能力，使用的大数据都是通过各种渠道获取的，但是获取的数据需要广告策划人正确的分析，才能更好地指导广告行为，这就要求广告公司的策划人员需要具备较高的数据分析能力。

第四节 大数据对西安广告公司广告作业层面的影响

在大数据的影响下，西安广告公司也越来越多地将大数据应用到自己的广告作业中去,广告公司挖掘分析大数据,让广告策略更有效,让广告投放更精准,让广告效果实时可控可测,让广告创意更优化。

大数据在广告策略上产生了深刻的影响,对西安广告公司也不例外,尽管西安广告公司还没有自己获取大数据的技术,但是它们通过各种渠道获取自己需要的大数据。在大数据的影响下,广告公司不再需要花很大工夫做调研,只需要将自己获取的大数据进行分析洞察,并做出最优化的营销策略,使广告发挥出最大的效力。

大数据对广告策略的影响从分析消费者,到准确定位,再到互动营销活动,这样的案例在全国不胜枚举。当然,在西安广告公司也有这样的案例。例如:西安麦道品牌传播有限公司做的"中等收入社区居民对未来社区商业的业态畅想"的方案、Apex奥美陕西为中国移动动感地带做的策略方案以及大家都熟悉的微信城市热力图功能等。

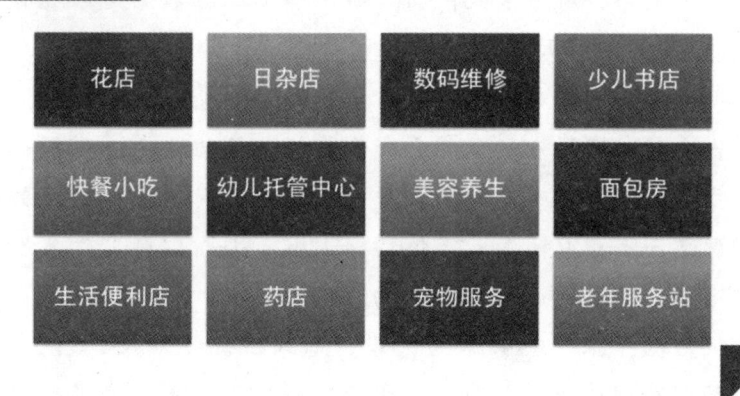

图 8-2　麦道中等收入社区居民对未来社区商业的业态畅想

上图是西安麦道品牌传播有限公司在行业媒体网站进行数据挖掘后,对数据进行分析、整理,总结归纳出中等收入社区居民的生活习惯、心理特征、消费行为等,得出的中等收入社区民居对未来商业街的业态畅想的结论：商业街的核心价值是吸引餐饮，医疗，教育，运动休闲的品牌，让东城新式商业街在西安东郊成为彰显生活理念、标识未来生活方向及情感的结合街区，发挥拉动效应。

Apex奥美陕西则通过在网络上搜集数据、购买第三方数据，以及广告主中国移动提供的KPI指数报告来分析动感地带用户的消费行为、消费心理，完成一套更加精准的创意营销方案。

微信既是个人社交工具，也是机构媒体平台。作为社交化的媒体，微信除了聊天、抢红包、转账、公众号外，还隐藏着一些强大的功能，微信钱包中的城市热力图可以帮我们随时查询到各地人流量的变化。微信热力图的原理是通过手机用户的连接信号匹配实时地理位置记录的人流量数据，并以不同的颜色标示出来。

在热力图上不仅可以看到目标地的人流量，还能看出一周内人流量的变化。对于广告公司而言，这一功能可以利用微信后台挖掘数据并结合城市热力图数据了解到某地的人流量及消费习惯，做出相应的更优化的广告策略；对于个人而言，城市热力图的数据可以让我们知道城市不同街区的拥堵状况，提高出行效率。

大数据有助于实现对于消费者的精准定位。传统广告的运作方式，媒体和广告主对目标受众的认知具有模糊性，广告主主要是根据预估目标媒体受众，来判断媒体价值，并分配广告预算。由于缺乏数据对接及定量评估，不能够精确地定位目标人群，因而也有"广告费中有一半不知道被浪费到什么地方去"的说法。

利用大数据技术，能够全面记录、追踪目标受众及其行为轨迹，然后通过数据挖掘和分析，对目标受众精准定位。不仅能够精准获取目标受众的性别、年龄、身份等，还能了解其兴趣、消费习惯、人际关系等属性，此外，还能精准获取受众的位置和经济行为数据。大数据技术除了对消费者精准定位外，还能找准消费者的潜在消费需求，广告公司通过预测其消费行为，再通过针对性的广告方案，促成有效的广告传播和消费。

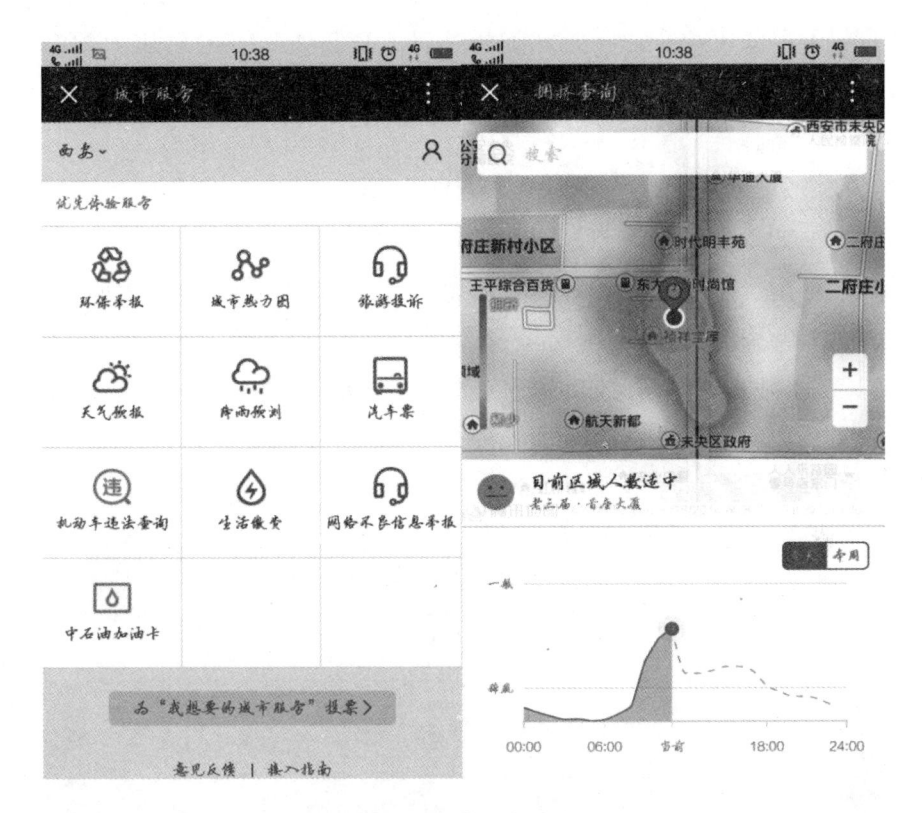

第八章　大数据对西安地区广告公司的影响

图 8-3　微信城市热力图

对投放过程的精准可控。传统的广告效果评估方法很难实现对广告的心理效益和社会效益的评估。但现在，利用大数据使得广告传播的有效性和定量评估的有效性达到了前所未有的高度。西安的广告公司也同样利用大数据技术对广告效果进行评估，例如西安麦道品牌传播有限公司对"百丽 20 周年线上互动产品开发及推广"的广告活动的效果评估，以及西安智讯互动营销策划有限公司对"西安万科幸福系推广"的效果评估。广告公司在广告投放前需要做到对目标消费者精准定位，对消费需求进行精准预测。大数据在广告投放过程中也产生影响。互联网的迅猛发展和新媒体的广泛使用，使消费者越来越多地依赖新媒体、各种社交网站、娱乐网站、手机 APP 等。广告公司迎

171

合消费者口味也将广告投放在新媒体及互联网上,并且利用大数据技术,对广告效果做到精准可控,在广告投放过程中达成交易。例如,西安麦道品牌传播有限公司创意执行的"百丽20周年线上互动产品开发及推广"活动中,主要的投放媒体是微信,主要利用微信后台数据和大数据技术,实时监测百丽在微信上的整个广告传播过程,可以实时精准地了解到此广告促成的交易行为。据统计,西安麦道的"百丽20周年线上互动产品开发及推广"活动共有43万多人浏览了H5页面,参与访问人次超过10万,H5奖券使用量25566张,活动转化率超过35%。

广告效果是广告传播产生的后果,一般有狭义和广义之分。狭义上的广告效果指广告传播后产生的经济效益,它可以用数字予以标示;广义的广告效果是广告信息在传播过程中引起的综合影响,它包括广告的经济、心理和社会效益等多方面。

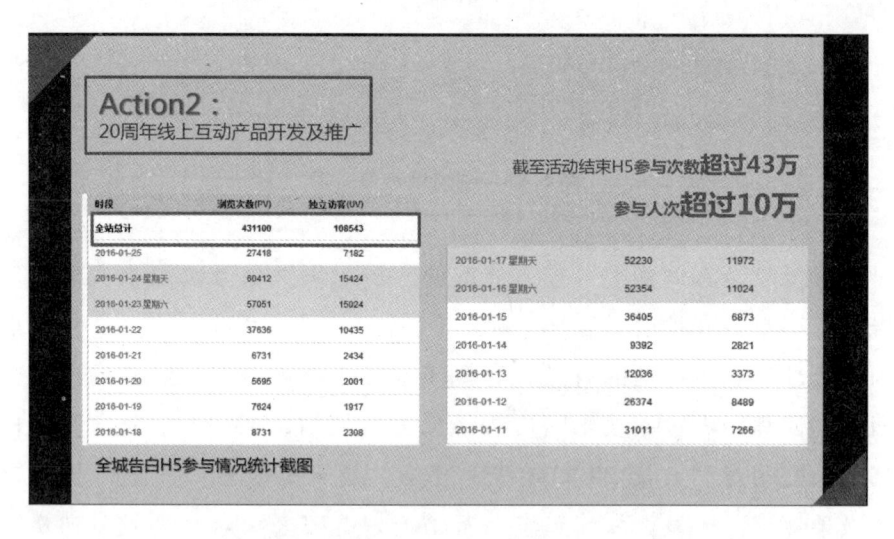

图8-4 百丽20周年线上互动产品开发及推广效果评估

图8-5是西安智讯互动营销策划有限公司提供的"西安万科幸福系推广"活动效果评估的部分截图,微电影《万科幸福故事》在截至活动结束视频点击量超过4.8万次,专题页浏览量超过6000次。此外

第八章 大数据对西安地区广告公司的影响

话题导入：《万科幸福故事》微电影

万科幸福系网络发布会

- 视频点击超过4.8万次
- 专题页浏览超过6,000人
- 微博主贴转发8,880次，评论933条，曝光量近1,500万

- 视频点击量超过4.5万次，净覆盖人数1.12亿人次
- 微博转发10,000次以上，评论800余条，曝光量3,500万次
- 万科幸福系发布会到场1,500余人，幸福系产品线下的金色悦城开盘即售出1,000余套。

图8-5 西安万科幸福系推广效果评估

"万科革命体"的微博借势引爆网络，微博超过2300万次的曝光量，宜家、360安全卫士、平安车险、吉列剃须、北京联通、博雅公关、红桃网、新浪微博、戴欧妮珠宝、益盟操盘手、雀友麻将等至少30多个品牌参与互动。

中国领先的第三方大数据营销技术公司秒针系统媒体事业部副总裁赵洁女士在《打造以数据为中心的数据生态》报告中指出广告效果中的大数据应用方式，如图8-6所示。

根据不同的广告形式，秒针系统利用技术优势提供不同的监测方案，并针对性地进行数据挖掘。秒针致力于应用云计算、云储存、人工智能技术对广告进行评估。而一些广告公司自身不能挖掘到真正的大数据，因此会通过付费等方式购买自己需要的大数据，西安的多数广告公司会使用这种方式对广告效果进行评估。

综上案例，广告公司利用大数据思维和大数据技术对广告活动进行效果评估，不仅可以精准地监测广告的经济效益，还能评估到广告的心理效益和社会效益。

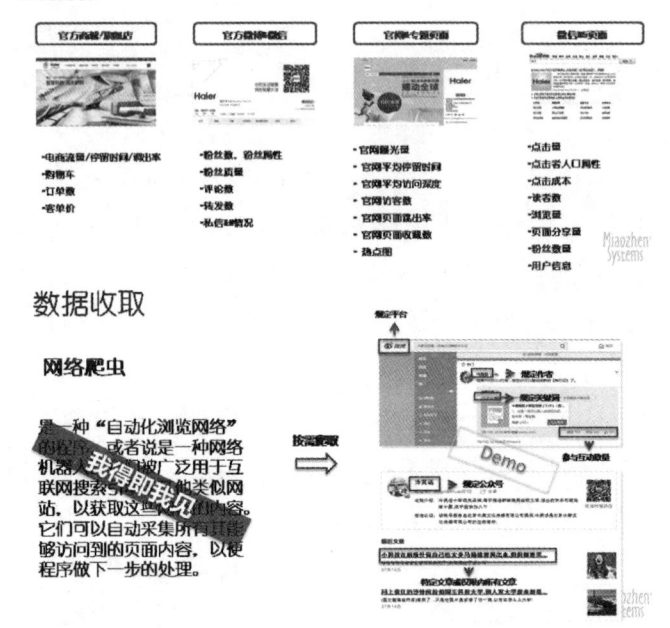

图 8-6 广告传播中的大数据应用方式

第九章　技术视域下的西安传媒业发展讨论

　　本论题运用调查研究、深度访谈结合阐释归纳的方法对中西部地区具体城市的大数据作用于传媒业的影响进行了首次探索。较为系统地从业界人员观念认受、传媒业组织结构与实际作业运用三个层面分析并概括了大数据对西安传媒业影响的基本特征。从观念认受上讲，业界人员在普遍认识到大数据重要性的同时，对于大数据运用于传媒业的具体方法手段认识不足，也缺乏相应的条件和制度支持；从传媒业组织结构上讲，"传媒业＋互联网"式的大数据运用较多，多是物理反应，"互联网＋传媒业"式大数据运用较少，缺少化学反应，这与传媒属性、组织文化与激励制度设计密切关联，但广告公司整体好于新闻媒体；从实际作业运用上讲，数据来源不足，准确性有待提高，数据分析与产品内容创新贴合度不高，数据挖掘分析人才缺乏且流动性较高，媒体从业者要加强数据素养，用户群体商业转化思路尚需探索，新闻媒体在此方面问题的解决具有更加迫切的需要。

第一节　技术维度：大与小的困惑

　　本研究主要着眼于大数据对于西安传媒业带来的影响，这种观察是建立在其对传媒业整体影响上的一种局部视角呈现。调研中我们发现，由"大数据"所带来的冲击表述为"大数据生态"更为确切，即它是由大数据作为基础资源的整个互联网新技术所带来的后果，需要一系列硬件与软件技术的密切配合。因而传媒业受大数据驱动的技术革新依托于整个大数据生态功能的完善程度，如果没有上下游技术的整体配合，那么有关大数据所带来的正面效应就难以得到发挥。

传媒业一直深受政治权力的控制，后又遭受商业文化的熏染。在影响传媒业的诸种权力因素中，技术力量的权重不断加大，促动了政治形式与经济形式的革新。技术已系统化地改造了传播观念和传播实践，使经典传播模式的每一个环节都开始摇晃而不稳定起来。技术在可见的未来对于传媒业的改造具有无限的想象空间，但在特定区域的发展状况依托于"大数据生态"的构建完善。这需要产业链条的完善、协同机制的创新以及数据获取、管理、分析、安全关键技术的突破。

相对于"大数据生态"的"大"，技术运用于具体领域更多是以具体化、对象化的方式存在，这可以称之为"小"。就传媒业来说，大数据技术需要与其信息传播的内在要求恰切结合起来，方能实现传媒业在社会结构中的功能作用。从资源的"大"到运用的"小"是关键一跃，正如调研过程中受访对象的一个共识：与其说是用大数据，不如说是用小数据。

第二节 观念文化维度：说与做的距离

身处传媒业，往往能率先感受到社会发展的脉动，所有从业者对于大数据均有认知和接受，但这种认受往往处于观念的表层，落实到实践层面就表现出了程度不一，个人虽然面对结构具有能动性，但如果结构没有迎应新环境进行调适，那么个人层面的创新实践则难以持续存在，这与传媒组织的流程再造与激励措施密切相关。

根据彭兰的看法，新老媒体融合的关键障碍是文化基因不同，传统媒体是以"内容"为根基的文化,建立起以内容为中心的封闭传播系统,是高高在上的"庙堂式"文化、具有封闭内容生产体系上的营利模式;互联网则是以"人"为根基的文化,以"人"为基础单元的开放式传播结构,具有内容生产的开放性,是竞争式的江湖式文化、建立起了以用户参与为基础的营利模式。正是这种文化隔阂的存在,"大数据"的说与做之间还有相当大的距离。

技术的迷思同样会让人们注意到问题的另一面,"从消极方面看,大数据技术不是万能的,不能解决一切问题,它只是决策的一种量化手段。正确认识事物的是非和利害,遵循人文精神是更为重要的前提。缺少这个前提,大数据不仅毫无用处,而且能为谬论寻求支持的数据"①,但是类似观念的表达不应该成为发展大数据技术的阻碍,而是应视为一种呵护与示警。

营造并分享一种创新创业的文化,是传媒业所身处的整个地域所面对的宏大命题。在媒体内部,要有能激发想干事、能干事与干成事的平台、机制与氛围;而在媒体之外的广阔社会空间之中,则需要大力张扬地域文化心理的求新求实求变的一面。

第三节 人才需求与培养维度:守与转的对望

对于数据挖掘与技术人才的需求是传媒机构普遍的需求,但以目前的薪酬体系和工作内容而言,又难以对该类人才形成强大的吸引力。这制约着传媒业的大数据运用。全球同此凉热,据麦肯锡估计,到2018年,仅美国就面临着近20万高级数据分析师短缺的情形。国内与大数据挖掘分析直接相关的人才需求非常巨大,如某培训机构广告中介绍短期的爬虫(Python)技术训练后,学员起步工资均在万元上下,并被疯抢一空。这已经对教育、培训提出了新要求。

---

① 刘建明:《"大数据"的迷思与新闻媒体的应对》,《中国广播电视学刊》2013年第7期。

新媒体环境下，新闻传播类人才教育也进行着转型嬗变，在各种培养方案的调整中，其中最主要的是迎接来自技术的挑战，如果依然坚守传统的采写编评摄等业务训练，很快会被时代所抛弃。一种思路是将新闻传播学教育导向完全的技术培训，训练学生的数字传播、甚至是数据挖掘技术，以此来适应社会需求和岗位期待；另一种思路是在原有的新闻传播学教育基础上增加技术训练。前一种思路受到的批评主要是：如果以计算机网络技术取代新闻传播业务训练，那么意味着新闻传播教育合法性根基的动摇，它具有了可取代性，再有技术更新迭代的速度非常之快，等到学生毕业时已经掌握的技术可能已经落后；后一种思路受到的批评是：如果只是让学生了解、掌握基本的技术手段，那么工作后与实践的距离仍然会很远，还需要继续训练才能适应岗位需要。新闻传播教育面临着左支右绌的困境，理想的状态是由熟悉新闻语言与技术语言的复合型人才所统领的互补团队。

对于媒体从业者来说，则需要持续加强业务培训，不断提升数据素养来迎接新媒体传播环境的调整。所谓数据素养概念是对信息素养、媒介素养等概念的一种延续和扩展，至少包括以下五个方面的维度：对数据的敏感性；数据的收集能力；数据的分析、处理能力；利用数据进行决策的能力；对数据的批判性思维。

第四节 运营与应用维度：融与专的权变

媒介融合已经是大势所趋，它以大数据为支撑又聚合了更多的大数据，积聚为庞大资源。传媒机构一方面要善用外援，搜集整理储备各种免费或者付费渠道的数据资源；另一方面内部应该盘活资源，让数据流动和融合起来，实现其本身价值。

传媒机构内部的数据主要有三类，应该建立统一的汇聚储存空间促进流动与融合。一类是内容数据，包括社会生活信息的方方面面，能够进入报道视角的和已经通过专业化生产的内容信息，包括各种统计数据、人事更迭的文件、上市公司年报等；二类是用户数据，传统媒体环境下的数据往往缺乏完整性，精确度不够，掌握的只是客户姓名、电话和住址等基础信息，收入、家庭结构、消费额等都无法判断，没办法做进一步的大数据分析。新媒体条件下数据的完整性和精确度大为提高，需要将"两微一端"的注册用户和浏览数据综合分析；三类是广告主及商业活动数据，这部分数据关系着用户数据资源的转化变现，有利于促进销售，扩大市场影响力。除过数据在传媒机构内部的流动之外，跨行业跨领域数据的交叉复合使用，相同行业、领域数据量的增加可呈现加法效应，不同行业数据的复合使用可呈现乘法效应，应该促动数据在同行业与跨行业间的流动。

对于地方性的传媒机构——无论是新闻媒体还是广告公司——而言，其覆盖的领域、区域的数据资源对自身发展才更有价值，深耕本土数据资源，未来走向本土化与社区化才能找到自己的发展空间，扮演城市综合服务体的角色。"城市综合服务体强调的是服务，并不仅仅只有信息服务""还要和都市报原来的服务热线整合起来""但其最大的价值在于数据库"。[①] 扮演好这种角色，传媒机构要进一步与统计、人社、财政、环保等政务系统数据的联系，实现互联互通。

与融合相对应的是专注融合本地各种服务的基础是优质内容的供应，这恰恰是传媒机构的传统主业与优势所在。

机制层面而言，大数据作用于地方传媒业的影响依托于陕西及西安大数据产业发展态势，基于《"数字陕西·智慧城市"发展纲要（2013—2017年）》的规划指引，西安传媒业与数据存储分析技术之间交流融合的有效机制建立可促进西安传媒业发展走上新水平，从而有效支撑地方经济结构转型增长。

[①] 陈国权：《大数据时代的报业转型思索：城市综合服务体》，《中国记者》2013年第7期。

附录1 大数据对西安新闻媒体影响访谈提纲

您好！"大数据"这个词在最近的一两年变得格外火热。举凡人类生产生活的各个方面都经受着大数据的冲击，新闻传播业也深受影响。"数据驱动新闻""数据决定话语自由""大数据新闻""数据新闻""新闻可视化"等说法也流传甚广。有些文章声称媒体如不谙熟和掌控大数据洪流，将招致厄运，新闻报道的固有规律也将被颠覆；与此相对立的观念则不以为然。我们课题调研的目的是摸清大数据对于西安传媒业影响的状况。访谈将从认知接受、组织结构、新闻生产三个部分展开，感谢您的配合！

一　认知接受方面

1. 你是否知道大数据？你是否了解大数据意味着什么？
2. 你了解大数据的途径有哪些？在各种途径中，你所在单位对你了解大数据发挥了哪些作用？
3. 你是否了解大数据作用于新闻媒体的一些方式？
4. 你所从业的新闻媒体是否有用到大数据？
5. 大数据在实际的新闻传播工作的有效性和作用如何？

二　组织结构方面

1. 新媒体崛起背景下，你所在媒体有没有新的变化？

2. 定位于新媒体大数据技术服务的这些部门与传统部门之间是什么关系？它们的作用发挥得如何？

3. 贵单位"两微一端"发展状态怎么样？

4. 单位内部对"两微一端"的评价有哪些依据？

5. 你怎么看待媒介融合，你认为贵单位在这方面做得怎么样？

三　新闻生产方面

1. 新媒体环境下，新闻来源有没有变化？与传统媒体环境下相比。
2. 大数据新闻、新闻可视化这方面有哪些尝试？
3. 新闻媒体运用大数据面对的困难有哪些？
4. 大数据在贵单位用户监测方面发挥了怎样的作用？
5. 新闻媒体现在比较需要的是哪方面的人才？

附录2　大数据对西安广告公司影响访谈提纲

　　作为一种技术和思维方式的大数据已经热了两三年，大数据对人类生产和生活产生了全方位影响。在这种变革中，消费者也在发生变化，广告主和消费者都是广告公司需要深入研究的对象，在这样的形式之下，广告公司将如何顺应呢？就此话题，我想从大数据对广告公司在认知层面、态度层面、行为层面的影响，三个方面对您访问，感谢您能在百忙之中抽出时间回答。

　　1. "大数据"这个词在近几年很火，以大数据为核心战略的企业，如：阿里巴巴，京东等似乎正在引领商业形态的变革，对于这样的现象，您作为从事广告业的资深人士对"大数据"有什么看法？

　　2. 大数据越来越普及，也吸引了越来越多人的关注，成为当下被热炒的概念，对广告公司而言，大数据可以推动目标市场数据化，提高广告的投放精准度，减小广告投放成本，这些观点获得业内广泛认同，并取得大量研究成果。与此同时也有人认为大数据就等于高价值，对于这一观点，您有什么样的态度或看法？

　　3. 大数据来源大致分为两类：一类来自于物理世界的科学实验数据或是传感数据；另一类来自于人类社会活动，主要是互联网。您认为在这两大类中，大数据的采集主要受哪些因素的影响？对贵公司在业务上的应用产生了哪些积极和消极的影响？

4. 如果说大数据的采集和分析具有局限性的话，那么大数据的精准性定位也是具有相对性的，这个观点您认同吗？

5. 您认为大数据的价值主要体现在哪些层面？

6. 大数据对广告传播、广告营销、广告表现形式、广告策略及广告投放与评估这五方面有哪些影响？贵公司主要在哪些广告业务或领域内使用大数据最多？

7. 大数据对贵公司的发展战略有影响吗？主要影响哪些方面，您能简单地谈一下吗？

8. 贵公司需要什么样的大数据，需要什么样的大数据人才，或者说具备哪些技能和素质的大数据人才能满足贵公司的需要？

附录3 大数据对西安广告公司影响调查问卷

您好：

我们正在进行一项关于大数据对西安广告公司的影响的调查研究，希望您能在百忙之中，填写这份问卷，此次调查仅作研究之用，我们将对调研数据严格保密，非常感谢您的配合。

1．您在西安某广告公司工作吗？（回答不是终止答卷）

A．是　B．不是

2．您所在的公司名称是_____

3．您在公司的哪个部门？

A．客户部　B．创作部　C．媒介部　D．市场调查部

E．人事行政部

4．贵公司的经营规模是？

A．小规模（1—20人）　B．中等规模（20—50人）

C．较大规模（50—100人）　D．大规模（100人以上）

5．贵公司的经营范围有哪些？

A．综合服务　B．设计制作　C．广告代理类　D．广告相关类（以品牌管理、营销策划、企业形象设计为主）　E．其他

6．您了解大数据吗？

A．大概了解　B．不是很熟悉　C．非常了解

7. 您同意大数据等于高价值这一观点吗？

A. 同意   B. 不同意（简单谈一下原因）

8. 从目前大数据采集情况来看，您觉得大数据在广告领域中的运用还存在哪些不确定因素？

A. 数据来源中存在大量不完整和虚假信息

B. 数据收集渠道的局限性

C. 部分数据资源涉及商业机密和网络数据格式不统一

D. 数据采集和被采集的数据资源中会涉及个人隐私、商业机密和国家信息安全

9. 您所在的公司对大数据的管理与处理情况如何？

A. 根本不进行数据收集工作

B. 只是例行公事般的对数据进行泛泛收集

C. 对数据进行全面的收集，但不做质量评估

D. 数据的收集没有针对性

E. 收集数据不及时，导致收集的数据没有价值

F. 公司技术不支持，无法储存大量数据

G. 进行数据建模工作时，与业务需要的联系不紧密

H. 缺少将数据分析的结果转化为业务语言的过程，不能发挥数据分析的作用

10. 大数据在贵公司哪些领域使用？

A. 广告传播   B. 广告营销   C. 广告表现形式

D. 广告策略   E. 广告投放与效果评估   F. 其他

11. 请您依照您的经验，按照下列标准选择一项和您想法最相符的选项

	完全不符合	不太符合	说不清楚	比较符合	非常符合
您认为依据大量数据的分析结果作决策可以优化决策过程					
您认为数据分析结果能帮助公司改善策略					

续表

	完全不符合	不太符合	说不清楚	比较符合	非常符合
您认为广告公司可以利用大数据进行更精准、更有效的策略制定，让广告变成了一个超高效的营销工具					
您认为数据分析结果能够降低广告投放成本					
您认为大数据使得广告投放有更合理的平台及更精准的投送					
您认为大数据让广告变得更有效率，使营销更加可控，使广告表现形式花样百出					
您认为大数据时代的到来使得广告营销开始迎来特定网民的精准营销					

后　　记

本书以媒介变迁为经，文化传播为纬，探讨新媒体传播环境下媒介形式变化的特征与后果，着眼于文化传播的观念阐释资源的梳理、开发与省思，以及对于媒介文化的批判与反思。上编是从新闻与广告、纸媒与电视等视角切入对新闻传播业的文化属性、技术手段、融合发展、受众分析等视角开展的多维审视，同时关注泛化意义上的文化传播现象，以符号意义的阐发批判与仪式生活重构为主线对城市、文化、文学、社交等现象进行了讨论；下编则紧贴业界现场，在讨论分析大数据与传媒业关系的基础上展开的其对西安传媒业影响的地方性和具体化的调研与分析，较为系统的从业界人员观念认受、新闻媒体与广告公司组织结构与实际作业运用三个层面分析并概括了大数据对西安传媒业影响的基本特征。

全书的主要内容由我完成，负有全部责任。书中的第二章第二节是我与妻子合作的成果，作为专业记者，她为我提供了大量业界的一手资讯；第五章第四节是我的博导与我合作的研究结果；下编成果的出现受益于西安工业大学党委副书记于孟晨的指导，他也是第二章第一节、第五章第一节的合作完成者。个别学生参与了研究基础工作。对于本书编辑王莎莎的付出致以谢意。

感谢西安工业大学人文学院历届领导与同事师友的关心与照顾。工科大学办文科别具优势，传媒时代的新闻传播学发展是公共性的刚需。

感恩西北大学新闻传播学院王春泉教授、陕西师范大学新闻与传播学院鲍海波教授，作为硕导和博导，两位导师为我推开了学术之门，我会一直向着他们的期望前进。

对父母、妹妹的爱无以言表，文科研究有时容易搞成自得其乐，正是有了他们支持我才有了坚持下去的机会。接近不惑我逐渐有了真正的不惑，感谢妻子的理解与支持和对家庭的照顾，跟女儿妞妞一同成长是最大的乐趣之一。

薛　龙
2017 年 7 月于清华园